おしゃれ自由宣言！

黒田知永子
地曳いく子

ダイヤモンド社

おしゃれ自由宣言！
目次

chiko's style

fashion

おしゃれ対談

ikuko's style

fashion / life

chiko's style life

おしゃれ対談

おしゃれ対談

60歳目前の新女性像 ないなら作ればいいだけ！

地曳　スタイリストとモデルとして、そして友人として、チコさんとのお付き合いも長くなりました。20代、30代はもちろん、40代、50代と常に近くで見てきて思うのが、「若い時より今が一番素敵」ってこと。そろそろ60歳の足音が聞こえてきた今だって、やっぱりそう。

黒田　ありがとう！　いく子ちゃんからそう言ってもらえるのは嬉しいけど、自分では普通にその時着たいものを好きなように着ているだけなの。私から見たら、いく子ちゃんの方こそ、いくつになっても衰えないパワーがすごい。今は講演会などでもひっぱりだこで相当忙しいはずなのに、好きなことに全力投球している姿が本当に楽しそうでかっこいいなあって、思っています。

地曳　大好きなロックのライブ鑑賞も痛い膝をかばいつつ……という舞台裏があるんですよ(笑)。チコさんも年齢を体で感じることってあるの？

黒田　もちろん！　40代になった時も50代になった時も、自分なりに体力や気力などに変化を感じてはいたけれど、今思うとそんなのは、ほんの序の口でしたね。私としては、55歳を過ぎてから特に年齢を否応なしに実感しています。老眼はすすむし、人間ドックの数値も右肩上がりに悪くなるし(笑)。ファッションでもそうで、自分らしくない格好をしたり、「キツイ」とか「重い」とか「痛い」とか、不快な思いを我慢することが、本当につらくなりましたね。

地曳 私もそうです。どんどん我慢がきかなくなってきますよね。私は常々思うのですが、40代って30代の気分でそのままなんとかいけちゃうものだし、50代に入ってすぐの頃は、まだまだその余韻でなんとか乗り切れてた。体力も気力も大きな谷は55歳過ぎでしたね。

黒田 これくらいの年齢って実は中途半端なんですよね。60歳ちょっと前って、とっても漠然としてる。私たちが若い頃思い描いていた、この年代の女性のイメージとは明らかに違うし。だって、もっとおばあさんだと思ってたでしょ、子どもの頃。

地曳 そう、私たち、おばさんだけど、全然おばあさんじゃない！　だから、新しいこの年齢像を私たちが作るしかないんじゃないかなって思うんです。じゃあ、どうすればいいかって考えると、先ほどチコさんが言っていたように、不本意なことを我慢しない、自分が好きなことを自信を持ってやるってことなんじゃないかなって思うんです。

今こそ、リミッターを外して自分らしさを謳歌する時

黒田 この年齢になってみて思ったけど、自分に必要なものが何か、なんとなく取捨選択できるようになってきたし、他人の目を必要以上に気にすることもなくなってきましたよね。これくらいの年齢から上の方で素敵な方ってそういう考えの人が多いんじゃないかな。そんな方たちはみなさん「自分」を持っていて個性的。

地曳 自分が好きなものを自信満々に着ていい！ そこに個性が生まれるんだと思います。日本人は基本的にコンサバだから、みんな一緒、自分だけハミ出したくないっていう意識が強い。「年相応」っていう言葉もとても日本っぽい。でも、そんなリミッターなんて外しちゃえばいい。娘と同じ格好をして喜んでいたらだめ。自分が好きな格好をちゃんとアップデートして着る。若い人に媚びず、若い人の流行りにすり寄らない。逆に、若い人たちにこっちを真似してみなよ、っていうくらいの気持ちが大事なんだと思います。それこそがマチュア、成熟ってことだと思うんです。

黒田 いく子ちゃん、かっこいい！ 私は、若い頃はそれなりに流行に飛びついたこともあったけど、私なりにたくさん失敗もして、「違うな！ これは」という感覚も同時に身につけてきたという感じかな。高いお月謝を払ってお勉強させてもらいました

からね(笑)。その結果、だんだん自分が好きなもの、自分が気持ちよくいられるスタイルが決まってきた。そして、それが55歳を過ぎてどんどん固まってきている気がしています。

地曳 この年齢になったからこそ自分に似合うものというか、似合わないものが直感でわかるようになってきたってことですよね。ただ、好きなものが似合うものとは限らない。そのためには、面倒くさがらないでたくさん試着する、似合わなければ買わずに帰る勇気を持つ、はっきりものを言ってくれる辛口の友人とお買い物に行く、そんな自分への厳しさも必要ですよね。

黒田 それ、わかってはいるけど実は難しい(笑)。

私たち根底は似ているけど仕上がりが全然違うのも面白い

黒田 自分のことは自分が一番よく知ってる。自分のことを自分以上に知っている人なんていないものね。この年齢になるとおのずと答えは自分の中にあるものなのかもしれませんね。私といく子ちゃん、タイプは違うけれど、ファッションに対する考え方はとってもよく似ているような気がします。いく子ちゃんのプライベートスタイルはロックっぽいけれど、どこかベースに上品なものが流れているような気がするんですが。

地曳　母親がファッションに関しては厳しい人で、子どもの頃は母が選んだ洋服しか着させてもらえなかったこともあって、コンサバのベースがあるからかもしれません。「洋服はサイズが命」と子どもに真剣に諭したり、「黒はダメ。賢く見えるから紺を着なさい」と言ったりするようなきっぱりした女性でした。その反動か、今は黒が一番好きですけどね(笑)。あとは、アイビーやコンチネンタルなど、若い頃洗礼を受けたトラッドファッションや、大好きなロックカルチャーの影響もかなり強いと思います。ということで、私の今のスタイルは、コンサバ、トラッド、ロック、この3つのテイストがベースで成り立っているんじゃないかな、って自分では分析しているんですよ。チコさんは、逆に、進化しているのにいつも印象が変わらないイメージがあります。

黒田　自分ではわからないんですが、先日、「究極のワンパターンだね」って言われたの。たしかに、夏でも冬でもワンピースは好きだし、ちょっと形の変わったパンツはいつも探してる。冬ならトップスはほとんどニットだし、フリッとしたブラウスにも目がない。バッグや靴は気に入ったものを頻繁に登場させるタイプだし。あ、やっぱり私、パターン決まってますね(笑)。

地曳　ワンパターン、最高じゃないですか！　チコさんの場合は、きちんとアップデートしている進行形のワンパターンだから、ずっと新鮮で素敵なんだと思いますよ。トレンドも追っていないようでしっかり取り込んでいるし。そのあたりの本能的な嗅覚がお見事ですね。

黒田　それなりにその時の自分の状況に応じて変化はしているんですよ。ただ、娘も社会人になり、人生で初めての一人暮らしも経験して、今が一番自由で今が一番気楽。そんな環境がファッションにも表れているのかなとは思います。人からこう思われたいとか、もう○歳だからこうしなきゃ、っていうのが減ってきて、自分が着たい服を着たいように着られる今の状況、自分でもかなり気に入っています。

地曳　心意気は似ているけれど、体型も表現方法も違う私たち。この本で、私たちの今現在のファッションと暮らしに関する「好きなもの」を、あらためて整理してみるのって、とても面白いなって思っています。どんな共通点とどんな差が出てくるのかワクワクしますね。

黒田　自分では気がつかない、自分の本当の気持ちも見えてきそうで楽しみです！

chiko's style

fashion

ボリューム感がほどよいクリステンセン ドゥ ノルドのシャツワンピースに、靴下コーデで私らしく。

お気に入りのサカイのニット。リブ編みニットとグレンチェックのジャケットがミックスされた楽しいデザイン。

ネック回りのフラワーモチーフフリルが胸キュンのクロエのブラウスは、パンツで可愛くなりすぎないように。

キャメルというより私は「黄土色」と呼んでいるボッテガ・ヴェネタのVネックニットがシンプルだから、クセありなセリーヌのパンツも気負いなくはけます。

あえて1サイズ大きめを
チョイスしたサカイのデニム。トップスはきれいめにまとめてバランスよく。

靴下＋マニッシュ靴から組み立てたコーディネイト。プリントが可愛いシャツはマルニ、ラップスカートはドリス ヴァン ノッテン。

chiko's
style

fashion

好きで似合うものって実はそれほど多くない

よく着る色は？　と聞かれると、まずは黒！　それから紺、グレーと続きます。私のクローゼットは、開けるとほぼ真っ暗というくらい、暗めのこの3色で埋め尽くされています。そのせいでどこに何があるのか、なかなか見つけられないことも（笑）。

実は好きな3色は、若い頃から変わりません。ずっと同じ。好きなものは好き。それは本能。結局その人の好きな色って、その人の軸だし、一生変わらないものなのではと思います。

「歳をとったら黒は避けた方がいい」と耳にすることもありますが、そうかな〜？と思う。

暑い夏に黒を着ると意外や意外、涼しげだし、全身黒でも素材を変えればぐっと表情豊かになるものです。

自分でなんか変だなって感じて着るのをやめることはあっても、世間的にそう言われているからという理由で、好きなものを変える必要はないですよね。

「究極のワンパターン」と言われるのも、色の好みがはっきりしているからかもしれません。

アイテムで言えば、若い頃から変わらず好きなものは、ワンピース、ニット、それからどこかがフリッとしたブラウス（笑）。仕事柄、これまでたくさんのアイテムに袖を通させていただいたおかげで、自分に似合うものと似合わないものが、年齢を重ねるにつれ、はっきりとわかるようになってきました。

好きなものがそのままイコール似合うものなら、こんなに幸せなことはありませんが、そんな夢のようなことはありえないので、なるべく失敗は繰り返さない。似合わないと確信したものには手を出さないようにしています。たとえば私ならピタピタのパンツや、短めのタイトスカート、胸が大きめに開いたトップスなど。

これでも結構な数の失敗もしてきました。その失敗があったからこそ、今のワードローブが出来上がったのかもしれません。

好きな色も決まっている、似合う基準も確立してきた、そうすると自然と同じような着こなしになるのかも。でも、何を着ても、いつも「黒田さんらしいね」と言ってもらえるのはなんだかとても嬉しいです。

one-piece

丈感にこだわったワンピース選び

ワンピースが大好きです。春夏秋冬、1年中。好きな理由？　それはとにかく1枚でサマになるから！　コーディネイトにあれこれ悩むことなく、それさえまとえば決まるなんて、面倒くさがり屋の私にはうってつけのアイテムです。夏なら体をしめつけないさらっと風が通るワンピース。冬ならこれまた大好きなモコモコのニットカーディガンやコートとも相性のいいワンピース。

選ぶ時の基準の最重要ポイントは、着丈。膝下丈は譲れません。一番好きなのは、ふくらはぎの真ん中より少し下くらいの長さ。脚の太い部分が隠れるので、これは私たち世代なら誰もが似合う長さなんじゃないかと思います。

夏ならサンダル、冬なら短めのブーツや靴下との組み合わせも楽しめる、大人にぴったりの丈感だと思います。シルエットはボディラインを拾わないことが条件。体型をカバーしてくれる生地感にもこだわるようにしています。

基本的に1枚で着てもかっこいいor可愛い、が、ワンピースの魅力なので、たとえば丈の前後差があるとか、袖にちょっとしたアクセントがあるとか、どこかしらに存在感あるデザインが施されているものなら、大人の体を美しく見せてくれると思います。

私にしてはデコラティブな要素が強いこのワンピースは、2018年秋冬のサカイ。大好きなフリル使いがお気に入りで、透け感があるけれど長めの丈なので躊躇なく取り入れられます。ショートブーツはセリーヌです。

one-piece

1 2 3
4 5 6

1. 衣装で着たギンガムチェックのワンピース。　2. ニット＋スカート風のサカイ。　3. プレインピープルの白ワンピースに水玉のカーディガンを羽織って。　4. 裾のフリンジがお気に入りのサカイ。　5. 麻混のワンピースはケイカラット。　6. ユナヒカでオーダーしたツイードのワンピースにポール ハーデンのジャケットを合わせて。

ウェストのデザインが少し上めにあることで、スーッときれいに見える
コットンの長袖ワンピースは、セリーヌ。丈が長いのもお気に入り。合わせたブーツもセリーヌ。

knit

冬はほぼニットです

本当に暑いのが苦手。寒い季節の方が断然好きです。その理由は、もしかしたらニットが好きすぎるからかも？　ふんわり柔らかなニットに包まれていると、それだけでしみじみと幸せな気持ちになります。

いろんなタイプのニットを着ます。ルーズなタートルも好きだし、首にきれいにそってくれるタートルも好き。クルーネックはほんの少しの開きの違いで印象が変わるから実はとっても奥深い。ワンピースやブラウスが好きだから、優しく羽織れるゆったりしたカーディガンも大好きです。

ニット選びでこだわるのはやはり肌触り。お気に入りのニットはできれば何年も着たいと思っているので、これは重要。肌に直接あたるものだから、チクチクするものはいや。この年齢になると我慢できません(笑)。別にカシミアでなければ！　と思っているわけではないのですが、可愛い〜！　あったかそ〜う！　と選んでいたら、自然とカシミアが増えてきました。

ニットは基本的に洗えるものは自宅で手洗い派です。毛玉も小さいハサミでひとつひとつ取っていきます。そんな風に自分の手で慈しんであげると、なんとなく私という人間にどんどん馴染んできてくれるような気がして、また一層冬が楽しみになります。

登場頻度の高い3枚。黒のライン入りのふわふわカーディガンはブルネロ クチネリ。
クリステンセン ドゥ ノルドのネイビーのカーディガンは、前立てのフリルが私好み。
襟元に白のブラウスをのぞかせても可愛いベージュのカシミアクルーネックはセリーヌ。

knit

プラダのリブタートルはネックのフィット感が絶妙。

10年以上愛用しているクロエのカーディガン。

プラダのタートル。スエードパッチ大好き！

エレガントなビジュー付きのランバン。

極上カシミアの気持ちよさを存分に楽しめるユーモレスクのタートルニット。ギャザースカートにも合わせやすい丈感や長めの袖の感じ、そして真冬の白というのが可愛いなと思います。ギャザーのふんわりスカートはドリス ヴァン ノッテン。

blouse

フリッとしたブラウスに目がありません

「基本的にシンプルな洋服が多いですね」とか、「マニッシュな印象ですね」と言われることが多々あります。それは確かに事実で、シンプルでマニッシュというのが私のスタイルを代表するイメージだと思います。でも、実は私、可愛いものも大好きなんです。花柄やレースは少女の頃からずっと大好き。これはもうやっぱり本能ですね。

その可愛いもの好きを象徴するアイテムが、「フリッとした」ブラウス。

どこかにひらひらとフリルがついていたり、リボンタイが優雅に揺れたり、王子様みたいにフリフリッと襟が立っていたり。

でも、もう立派な大人であるこの年齢の人が、好きだからといって可愛いものを全身で着てしまうのは、やっぱりちょっと違いますよね。

だから可愛いものはひとつだけ！　シンプル、マニッシュなアイテムと組み合わせることで、ちょうどいいさじ加減の甘さが演出できるように思います。

そういう意味で、私のワードローブで大好きな可愛いものを実感しやすいのが、この「フリッとした」ブラウスなんです。

男っぽいパンツやごつめのブーツなどと組み合わせて、そのギャップを楽しんでいます。

大好きなフリルを存分に楽しみたい時に袖を通すのが、
このエルマンノ シェルヴィーノのブラウス。袖もふんわりしてとてもエレガントなので、
このブラウスの時はあえてマニッシュなボトムスを合わせるようにしています。

pants

クセありパンツとボーイフレンドデニム

若い頃はむしろスカートの方が多かったのですが、子育て中の必然からかパンツをはくことが多くなりました。

私は、決してスタイルがいいわけではないし、太ももも貧弱で、脚と脚の間に隙間ができてしまう。つまりスリムなパンツは似合わないのです。これがいく子ちゃんのように腰高で、太ももがしっかりあって脚がまっすぐすらっとしていたら、ピタピタな形のパンツをバンバンはくのですが、私がタイトなパンツをはくと、そんな脚の短所がはっきり目立ってしまう。だから、パンツのシルエットにはこだわるようにしています。

微妙な差で印象が変わるから試着も大事。基本的に好きなのは腰回りにほどよいゆとりがあるタイプ。そして膝下にかけてほっそりというテーパードがここ数年主流です。ふくらはぎの下までゆるいゆとりを保ったままの中途半端丈も最近はよくはきます。足首がちらっと見える丈感は、好きなタイプの靴と合わせやすくてお気に入り。

デニムもオンオフを問わずよくはいています。基本的には脚の形を拾わないボーイフレンドタイプがほとんど。デニムこそ同じように見えても毎年少しずつ変化しているから、アップデートが大切だなって思っています。

このパンツは、コム デ ギャルソンのもの。ゆるいシルエットなので、まるでロングスカートのような気分ではけます。アン ドゥムルメステールのブーツとも好相性。

pants

123
456

1. ニットと相性がいいブルネロ クチネリのスウェット風柔らかパンツ。　2. 太ももはふんわり、膝下はタイトなシルエットも好き。　3. 白の折り返しが個性的なセリーヌのタックパンツ。　4. 上半身がコンパクトな時はワイドデニムで。　5. 下半身がきれいに見えるケイカラットの黒パンツ。　6. ウエストをきゅっと締めてはく太いパンツはエンフォルド。

最近のお気に入りデニムは、このドリス ヴァン ノッテンのゆるっとしたシルエットのストレートデニム。トム ブラウンのアラン編みのネイビータートルとナイキの白スニーカーで、今日はあえて少年みたいにコーディネイト！

socks

靴下があればわくわく！

「チコさんらしい足元だね」ってお褒めいただいた時は、靴下とのコーディネイトの時が結構多いように思います。靴下は今や、私のおしゃれに欠かせないアイテムです。

寒い冬にタイツをはくことはありますが、ストッキングは冠婚葬祭の時以外ほぼはかない私。おじさん靴に靴下はもちろん、パンプスに靴下、サンダルに靴下も大好きです。スカートの時もパンツの時もよくはいています。

基本的に、黒や紺、グレーの無地が多いのですが、ストライプやライン、柄、ラメが入っているものやレース素材のものもはきます。たとえば全身黒の装いで何か物足りないなと思った時に、ちょっと靴下でリズムを変えてあげると、すごく新鮮な印象になって助けられたということがよくあります。たかが靴下と侮るなかれ。同じ装いでも靴下の雰囲気を変えるだけで、クールになったりコケティッシュになったり。その影響力は大です！

靴下でよく買うブランドは、マルニ、プラダ、ブルーフォレ、ピエールマントゥーなど。マルニやプラダは、色や柄が可愛いものが多く、ブルーフォレは、素材が上質で色がきれい。ピエールマントゥーはセンスフルなデザインが見つかります。

靴下のおしゃれと出合って、私のファッションがいい感じに進化したな、と自分でも嬉しく思っています。

ブルネロ クチネリらしいサイドのラインがお気に入り。

甘い花柄のマルニの靴下。寒色系なら取り入れやすい。

shoes

靴は手抜きしない

今の気分をファッションに取り込みたい時、まず最初に私が考えるのが足元。私にとって靴は、おしゃれを考える上の土台のような存在です。

50代に入ってからは、割とマニッシュなタイプやちょっとクセのあるカジュアルなもの、そして圧倒的にローヒールの靴が増えてきました。それは突然そうなったわけではなく、徐々に移行していった感じ。私のファッションはそんな風に、ゆる〜く進化していくことが多いので、周囲から見たら、ワンパターンに思えてしまうのかもしれません(笑)。

スニーカーはオールシーズン、夏ならちょっと遊び心のあるサンダル、冬ならショートブーツ。ちょっとごつめの登山靴みたいなタイプもスカートに合わせたりします。靴も、色は黒が圧倒的に多く、あとは、茶と白でほぼすべて。デザインは色々とチャレンジすることはありますが色は決まっていますね。

靴は毎回思い入れたっぷりで手に入れることが多いのでなかなか処分できない性分。だから自宅のシュークロークには思い出のある靴がたくさんあるのですが、毎シーズン頻繁に登場するのは、実は4、5足。その時気に入ったものを集中して履くタイプなんです。同じ服でも靴を変えるだけで印象が変わるのは楽しいし、靴下やタイツとの組み合わせで表情が何通りにも変えられる。靴は、私のおしゃれ心をくすぐってくれます。

私の靴たち色々。右上から時計回りに、ヒールがあっても履きやすいメゾン マルジェラのタビブーツ。数年来、秋冬によく履いている、セリーヌのパイソン柄スリッポン。人気のグッチのプリンスタウン。真っ白なレースアップシューズはプラダ。ナイキのメッシュスニーカーは1年中活躍。こげ茶のハイカットのレースアップはマーガレット・ハウエル。スリッパタイプにもなるパイソンのセルジオ ロッシ。

shoes

1 2 3
4 5 6
7 8 9

1. 意外に何にでも合うマルニのキルティ・タン。　2. メゾン マルジェラのタビブーツ。　3. ブルーのベルベットがきれいなチャンキーヒールは、ドリス ヴァン ノッテン。　4. プラダのサンダル。　5. ピンクのラインが可愛いピエール アルディのハイカットスニーカー。　6. パンプスに靴下を合わせるのも大好き。　7. 内側がボア！セリーヌのジップアップスニーカー。　8. 靴下使いも楽しいマルニのファーサンダル。　9. バイカラーのピエール アルディ。

10 11 12
13 14 15
16 17 18

10. ナイキの運動靴！　11. バイカラーローファーはJ.M.ウェストン。　12. 超履き心地のいいセリーヌのラムスキンソフトバレリーナ。　13. 右ページの3と同じパンプス。　14. 服がシンプルな時に重宝するセルジオ ロッシのパイソンスリッポン。　15. 丸いトゥとステッチが可愛いセリーヌ。　16. グッチのプリンスタウンは靴下で遊ぶ。　17. デニムと相性がいい白のレースアップはプラダ。　18. セリーヌのVカットパンプス。

bag

バッグは同じものを大きさ違いで

人から見たら、「いつも同じバッグを持っている」と思えるかもしれませんが、実はサイズ違いや色違いのものがいくつかあるんです。

それに、好きなもの、お気に入りのものを頻繁に登場させるタイプです。その時の気分や、自分の好きなスタイルに合うと思ったら、同じシリーズのものを使い続ける傾向があ

るんです。

まず、10年ほど前からかなりの頻度で使っているのがエルメスのプリュム。THEカバンとでもいえそうなシンプルを極めた佇まい、上質な革の手触り、無駄のない作りなど、すべてが私のバッグの理想形。大きさと色、素材の違うプリュムがいつの間にか4個に。小さいサイズのグレーのスエードのプリュムは着物にも合い、本当に重宝しています。

アズディン アライアの、レースのようなカッティングが施されたレザーのバッグもお気に入り。トートタイプを5年ほど前から愛用。個性的なのに不思議とどんな装いにも馴染んでくれるのが気に入って、最近ソウルのコルソコモでバケツ型も購入。さらにクラッチはロンドンに行った時に購入しました。

最初ちょっとクセが強すぎるかなと思っていたセリーヌのラゲージ。でも、旅先のロンドンですごくおしゃれな女性がナノショッパーを持っているのを見て「私も持ちたい！」と、すっかりその気になって購入(笑)。荷物が多い日用の大きめのミニショッパーは黒、斜め掛けが可愛いショルダーストラップ付きのナノショッパーはブルーとベージュのコンビ。色や大きさが変わると印象も変わる楽しいバッグです。

ちょっとリラックスした気分の日に持つことが多いマルニのプリント布バッグは、黒一色の装いの時のポイントに重宝するすぐれもの。花柄やグラフィック柄など、柄違いで楽しんでいます。

使いやすい、自分のファッションに合う、と思ったからこそもうひとつ欲しいと思い、少しずつ増えていったお気に入りたちです。

HERMES
Plume

どんな装いにも似合うのが
エルメスプリュムの魅力。

持ちやすくて物の出し入れも
しやすいプリュム28。

黒一色の装いにスエードの
グレーのプリュム20を。

CELINE
Luggage

存在感のあるミニショッパーは
黒をセレクトしました。

カラーリングが可愛い
ナノショッパーは斜め掛けで。

bag

AZZEDINE ALAIA

Laser-cut leather

バケツタイプは
ショルダー付きで便利。

夏の装いに合う
軽い印象がお気に入り。

MARNI
Printed bag

柔らかな素材の
大人っぽい花柄タイプ。

しっかりしたキャンバス素材の
ブラックプリント。

lovely

愛用のコスメポーチは
猫のプリント。
まるで、愛猫のむぎ！

実は可愛いもの好き！

花柄やレース、フリル、動物柄など、可愛いものに目がありません。

これはたぶん少女の頃から、ず〜っと。可愛いものを見つけるとついつい家に連れて帰りたくなってしまいます。

とはいえ、私ももう立派な大人ですから(笑)、可愛いものは、化粧ポーチや小物入れ、ハンカチ、扇子などなど、決して主役にならない小物で、さりげなく取り入れるように心がけています。

バッグを開けてお気に入りのものが目に入ってくると、一人で可愛い！　と自己満足。癒やしの存在なのかも！

「パンダに目がない」、「リボンが好き」、「大人になってもピンクマニア」、「スヌーピーさえいれば」……そんな風に女の人には、誰もが何かしら子どもの頃からずっと好きな〝可愛いもの〟があるはず。

自分だけには自然に目に入るようなところに、そんなお気に入りの可愛い子ちゃんを取り入れて、ハッピーの素にするのも素敵だなって思います。

ヒグチユウコさんが描いた猫の絵柄が可愛いクッションと扇子。

花柄大好き人間なので、ハンカチはこんな小花柄が多いです。

襟が私好みのフリフリのデニムシャツ。

Tops conscious

袖がギャザーのコットンブラウスの衣装。

テレビの衣装

基本的に色なら黒、紺、グレー、形もシンプルなものを着ることが多い私ですが、最近色のアクセントがあるものや、柄ものも頻繁に取り入れるようになったんです。

これは、テレビ番組に週1回レギュラー出演するようになったから。

基本的に画面に映るのは上半身のみ。ポイントはトップスにもっていかなければなりません。そうすると自然と、襟元にアクセントがある洋服や、表情が明るく見える色や柄に興味が向くようになりました。

明るい色の服や柄のあるものは、着てみると表情だけでなく、心も華やぐもの。これはプライベートの装いにも大きなヒントになりました。

明るい色のジャケットなどは白髪のおばあちゃんになったらさらに違う印象に楽しめそう！　今からとても楽しみにしています。

コム デ ギャルソンのプリントニットの衣装。

小花柄ワンピースに
カーデを羽織って。

可愛いイラスト入り
コットンワンピース。

花柄でも少し辛口の
マルニのブラウスの衣装。

ケイタ マルヤマの
ビジューカーデの衣装。

真っ赤なシャネルのニット。

マルニの個性派ネックレスが
ポイントの衣装。

hair

同じショートヘアでもこまめにアップデート

モデルデビューした頃から子育て期は、ロングヘアだった私。ショートカットにしたのは、ちょうど40歳の時でした。

もともと量が多く、クセのある髪質なので、ロングの時は、ドライヤーで格闘する時間が長く、実はとてもストレスだったんです。ショートにしたらそんな悩みは見事解消。私の髪質はショートヘア向きらしく、短くしてからはまったくストレスもなく、その結果髪の状態も良好に。以降ずっとショートヘアひと筋です。

ずっとショートといっても、実は少しずつ変化しているんですよ。前髪のカットや後ろの長さなど色々とマイナーチェンジ。2年ほど前から『TWIGGY.』の松浦美穂さんに担当してもらうようになり、ぐっと前髪を短くし、マッシュルーム風のショートに。とても新鮮な気持ちを楽しんでいます。

変わらないように見えても、自分の髪質も肌の色も表情も体型も変わっているから、変わらず似合う髪型なんてないし、ずっと同じ髪型でいるというのもかなり難しいと思います。髪型こそ、年齢に合わせたこまめなアップデートが必要だと思います。

前髪にニュアンスをつけてみました。

クセ毛なので夏は前もサイドも短めに。

松浦美穂さん曰く〝栗〟のイメージでカット！

pierces

ピアスにちょっとした変化が

アクセサリーの中で好きなアイテムはピアス。

モデルという仕事柄、どんな装いにも似合い、決して邪魔にならないという理由から、シンプルなダイヤモンドのひと粒スタッズタイプを長年愛用しています。

ダイヤモンドの粒の大きさ違いで3つを使い分け。すごくカジュアルな服の時に大きめをつけたり、エレガントな服の時はあえて小さめにしたり。着物を着る時にもひと粒ダイヤのピアスは重宝しています。

そんな私のピアスライフに、最近大きな変化がありました。

これまではショートヘアには派手になりすぎるような気がして避けていた、垂れ下がるタイプや大きめのピアス。

でも、ある日、親交のあるスタイリストさんに「絶対似合うから、試すつもりで一回つけてみたら?」とアドバイスされ、試してみたらこれが意外にもかなりよかった!

やってみてよかったらすぐ取り入れる柔軟性のある私(笑)。

その後も、少し大きめのものや、ぶら下がるものなどを見てまわるのがたのしみに。

大きめのピアスは、上半身に華やかさの必要なテレビ出演でも大いに活躍してくれます。

仕事でもプライベートでも、新鮮な気持ちで楽しんでいます。

長年愛用しているダイヤモンドのスタッズタイプは、大きさ違いで3タイプを使い分け。上で着けているのは一番大きなタイプです。

アクセサリーも大好きなブランドから。左はセリーヌ、右はボッテガ・ヴェネタ。私にしては大きめな存在感あるタイプです。

ハチとパールのバランスが可愛いディオール。

3つのゴールドボールが揺れるセリーヌのピアス。

おしゃれ対談

私たち、気に入ったコーデやアイテムと「飽きるまで、とことん付き合う」派

黒田 以前いく子ちゃんから聞いた、「大人に着回しなんていらない。お気に入りの組み合わせがあったら、そればかり着ている方が何倍もマシ」って言葉。あれ、本当にそうだなって思うんです。

地曳 自分たちも関わっておきながらなんなんですが、雑誌などで頻繁に登場する「着回しコーディネイト30日」なんていう企画、あれって大人には必要ないと思うんです。それをそのまま自分の日々の着こなしに落とし込んで、着回さなきゃ！　コーディネイトのバリエを増やさなきゃ！　と思ったばっかりに、「イマイチだけどまあいいか」くらいの位置づけの格好を混ぜ込んでしまうことになりがち。

ほとんどはおしゃれな格好の人でも、たまたま、そんなちょっとイマイチの格好

をしてしまった日に、これまた、たまたま出会った人に、「意外にダサい人」という印象を残してしまうってことがあるんです。人間って、よかったことより、悪かったことの方が強く覚えているもの。ということは、そのたまたま会った人にはあなたは「ダサい人」という位置づけになってしまう。ということは、このトップスにはこのパンツとこの靴、という鉄板のコーディネイトを頻繁に登場させる方がずっと素敵ってこと。そういう意味でも、チコさんの「究極のワンパターン」って本当に理想的だと思います。

黒田 自分では全然ワンパターンだとは思ってないんだけど、結果的にそうなっているのかも。バリエーションを増やそうとして、本来の自分じゃない格好をしてしまった時の不快感ってやっぱりわかりますよ。その昔、なんだかどうしても持ってみたくなって、赤いバッグで出かけた時があったんですが、自分らしくなさすぎて1日中妙に居心地が悪く、早く家に帰りたかった。それからそのバッグは登場していません(笑)。

地曳 時々ダサいのを挟むくらいなら、同じものの繰り返しの方が何百倍もマシ。する必要のない着回しをあれこれ考えるのって、時間の無駄使い。もちろん私も若い頃はおびただしい量の洋服を所有していましたし、あれこれ似合わないものに手を出した経験も山ほどあります。だからこそ実感したのがこのセオリー。今は、気に入ったら、同じ組み合わせを1週間に3回だって平気で着ます。

黒田 私もそう！ お洗濯のローテーションと会う人さえ違えば、お気に入りの組み合わせを頻繁に登場させていますよ。

地曳 いい感じのコーディネイトが、1シーズンに3パターンくらいあれば十分。それでずっと気分よく過ごせるんですから。

一生ものだから買うのではなく今の気分があがるかどうかが重要

黒田 若い頃、高価なものを買おうとする時にみんなが必ず口にしていた「これは一生ものだから」って言葉。今も割と聞く言葉だけど、この年齢になって実感するのが、そもそも洋服や靴に一生ものなんてない、ということ。いく子ちゃんはどう思う？

地曳 きっぱり言います、ないです！ 一生ものなんて幻。決して嫌いになるわけじゃなくて、だんだん新鮮味がなくなって最終的に絶対飽きる。私はね！

黒田 そして、お気に入りであればあるほどたくさん着たり持ったりするから、一生なんて絶対もたないですよね。

地曳 私は常々思っているんだけど、服もバッグも靴も、どんなものにも寿命があると思うんです。年月とともにそのもの自体が持つパワーが減っていって、やがてなくなる。そして、それにプラスして、着る側持つ側の自分自身も確実に変化する。見た目や体型はもちろん、気持ちも、生活環境も。一生同じ人なんていないよね。

黒田 あと、温暖化とかの地球規模の気候の変動だって関係しますよね。ロングのダウンとか、そうそう着る機会がないですよね、今。

地曳 でも、上質なもの、価値の高いものの寿命は長い。チコさんにも、もう何年も愛用していて、おそらくこれから白髪のおばあちゃんになっても使えそう、そう思えるような寿命長めのものってあるでしょう?

黒田 洋服はどうしても消耗品だから、しいて言えばバッグでしょうか。中でもエルメスの黒や紺のバッグ、特にケリーは、きっとおばあちゃんになっても使うだろうなと思います。

地曳　エルメスはやはり革の質も圧倒的にいいし、ベーシックな定番アイテムは、寿命が長いものが多いのは事実。私もエルメスの革小物は断然愛用年数が長いものが多い。お直しをまめにしながら10年以上はいているのはエルメスのブーツだけ。手に入れた時の高揚感もやっぱり違いますしね。いくつになっても、誰しもが買い物する時は、買うか買わないかの境目になんらかのポイントがあるはず。私だったら、「今、これを着ること、持つことによって、自分の気分がどれだけあがるか」を重視しています。

黒田　同じく！　一生ものかどうかではなく、それを手に入れたことで、今の自分がどれだけ嬉しい気持ちになれるか、を優先します。嬉しい気持ちは、自分にとって絶対プラスですから。

お直し代でもう1足買えるくらい!?
10年以上愛用しているエルメスのブーツ。（地曳）

おばあちゃんになっても使いたい、
エルメスのケリーとミニケリー。
大きい方はファーストエルメスです。（黒田）

ikuko's style

fashion

life

ikuko's style

fashion life

コンサバ・トラッド・ロックの3要素ミックスが私流！

私、こう見えても、ファッションのベースはコンサバで、ベーシックなものが多いんです。

その理由はウルトラコンサバな母親に育てられたから。詳しくは後ほどお話ししますが、とにかく物心ついた頃には、「お洋服はお仕立てで」、「紺と白をベースに」、「1コーディネイトに使えるのは小物も入れて3色まで」と、これまたウルトラコンサバな思想を刷り込まれていました。

その確固たるコンサバベースの上に、小学生時代には気づいていた自らの〝最大好き要素〟であるロックテイスト、さらに私と同世代の方なら誰もが経験したトラッドの洗礼がプラスされ、現在の私のスタイルが完成したのではないかと、自己分析しています。

ここで確認しておきたいのですが、「いく子スタイル＝3つのテイスト」といっても、今日はコンサバ、明日はトラッド、明後日はロック、というようにまったく様相の違うスタイルを日替わりで、というわけではありません。

コンサバ、トラッド、ロックが日々ミックスされていて、その日の予定、その日会う人、その日の気分で、3要素をミックスする割合を微妙に変える、ということなんです。

たとえば、お仕事の日は、やはり基本はコンサバorトラッド。

講演会やクライアントにお会いするなど、きちんとした場に出る日は、洋服はコンサバにまとめリングだけドクロのカメオにして、わかる人にはわかるロックテイストをひとさじだけ投入。

仕事のあとにそのままライブに行くようなスケジュールの日は、朝はコンサバなワンピースで出かけ、ライブ前に革のライダースを羽織ってスタッズ付きのバングルをオン。さらに黒のアイラインをキュッと強めれば、ライブスタイルの出来上がり！

こんなミックス技から生まれるスタイルが私流なのです。

my basic style 1

コンサバ服にロックな小物がいつもの私

バッグはヴァレンティノの
ロックスタッズバッグ。
意外に軽いのもお気に入り。

太めのレザーにゴールドが
印象的なバングルは、
エルメスのコリエ・ド・シアン。

普段の私に近い、スーパーデイリースタイルです。

講演会や本の打ち合わせなど、スタイリング以外の仕事の時もこんな格好をすることが多いです。お洋服のテイストは上も下もコンサバなベーシック。トップスは、メンズのユニクロのカシミアニット。

私は腕が長いのでメンズがちょうどいいんです。さらにサイズをLにして今流行りのちょっとドロップショルダー気味に着るのが好きです。ユニクロのメンズは女性にもおすすめのものがあるので、ぜひ試してみてください。

パンツは、2018年秋冬にエクラプレミアム通販で私がプロデュースしたもの。ウエストのタックにこだわり、膝からすっと細くなるテーパードラインなど、私のような体型の人でも、さらにチコさんのように太ももが細く華奢な体型の人でも誰にでも似合うラインに仕上げました。

ニットとパンツがシンプルなのでそれ以外もシンプルにしてしまうと、お地味な人になってしまうので、私の場合は、バッグとバングルでロックテイストをプラス。

スタッズものはハイブランドのものなら、大人でも品よく取り入れられます。

my basic style 2

ハードなライダースもレーストップスで甘辛に

自分の体の中でも比較的細いと
思うところを出せば
すっきり見えにつながります。
私の場合は足首。だから
デニムもロールアップして。
靴はセリーヌでヒールは低めです。

ランバンのバッグはおばから
譲り受けたアンティーク。
アップルウォッチはベルトを替えられ
意外にどんな洋服にも似合います。

気の置けない女友達との食事などの時はこんなスタイルで。

柔らかで着心地がいいから、ライブ鑑賞にも頻繁に着ているライダースはロゥタス。

ライダースを普段着として着る日は、それ以外をコンサバなものにまとめるときれいに仕上がります。プレーンな形のワンピースやタイトスカートを合わせることもあります。

インに着たレースのトップスはなんとGU!

GUは、若者向けのプチプライスなブランドですが、よく探せば大人も着られるものが見つかりますし、トレンドもひと目でわかるので時々足を運べば刺激をもらえますよ。このレーストップスの下に着たブラトップもGUです。

バッグはヴィンテージのランバン、パンプスはセリーヌ。

ハイ&ローなコーディネイトがうまくいくとなんとなく気分があがります(笑)。

my basic style 3

忙しく歩き回る日は
トラッドなシャツと
白スニーカーで

衣装のリースで1日中がんがん歩き回るような日は、足元はスニーカーが定番。そんな日は足元からコーディネイトを考えるようにしています。

白いスニーカーに白いシャツは学生っぽい気がしたので、今回はライトグレーのシャツに。裾に前後差がある黒いパンツは、今お気に入りブランドのチノのものです。

私は、トラッドなボタンダウンシャツが大好き。

学生時代から慣れ親しんだボタンダウンシャツを着ると、なぜか気分が落ち着くので忙しくなりそうな日にはよく袖を通します。

今回着たのはトム ブラウンのものです。シャツの上には、イセタンサローネのT.G.I.F. Ready for the weekendのシンプルなコートを羽織って。

さらに襟元を大きめに開けて、私らしいロックな気分のネックレスをプラスすれば、エネルギッシュに動き回れそうなスタイルの出来上がりです。

真っ白なスニーカーはアディダスのスタンスミス。前後に段差のついたパンツから足首を少し見せて。

H.P.FRANCEで購入したデコラティブなネックレスをシャツの襟元に。80'sロックな気分をプラス。

wardrobe

私のワードローブはハイ&ローの2種類から

私のワードローブを構成するアイテムは2つの種類に分かれているような気がしています。

ひとつは、「一生これが好き」が軸になった、ある程度長めの寿命を持つもの。数年、長いものでは10年くらいスタメンの地位をキープするようなアイテムたちです。

たとえば、上質レザーのライダース、ベーシックなテーラードジャケットやトレンチコート、エルメスの革小物などなど。

そして、もうひとつは、1シーズン程度しか着ないかもしれない「循環もの」。

「循環もの」は、消耗品感覚で買い替えていくものや、たとえば、着るだけで涼しい、着るだけで暖かい機能性素材のアイテムなど、安く済ませたいもの。さらにはトレンド性の高いものも入ります。トレンドものは、とりあえずその時の気分をあげてくれるカンフル剤みたいなものです。

私は、本来はコンサバが似合うタイプらしいのですが、かといってオールコンサバにしてしまうと、ベテラン政治家？　っていうくらいの〝ご立派〟な印象になってしまう。スタイリスト&著者という自分の立ち位置からも、意識的にトレンドを多めに取り入れるようにしています。

トレンド度が高いものほど、旬の期間は短いので、意識的に集中して着るようにし、賞味期限が切れたら即処分する。それくらい潔く切り替えるようにしています。

お値段も前者はハイプライス、後者はロープライスになるのですが、どちらも着る回数で考えるとコスパはいい。

ハイ&ローを用途別に使い分けて、組み合わせを楽しんでいます。試着の際には、全方位をチェックすることをお忘れなく！

trend

トレンドものがイタいかどうかは自分がジャッジ！

私たち大人世代の女性に多いのは、「こんなトレンドは若い人だけのものでしょ」、「私には無理！」という思い込み。

そんな思い込みを一旦捨てて、ちょっと勇気を出してトレンドものを試着してみれば、あ～ら不思議。意外に自分のコンプレックスを解消してくれたり、これまでにない着心地のよさに気づいたりすることもあるはず。

それは私自身もそうなんです。失敗も多々ありますが、ひとつでも発見があれば儲けものと思い、トレンドというフィルターも必ず取り入れるようにしています。

〝好き〟だけでは、どうしても少しずつ時代遅れになってしまいますからね。

そして、先ほども言いましたが、トレンドの力でコンプレックスをカバーできることも。つまり攻めというより守りの意味でトレンドを取り入れるのです。

たとえば、太ももが張っていたら、細いパンツではなくトレンドのワイドパンツにしてみる、多少お腹が出ていてもトレンドのトップスインに挑戦してみるとバランスがよくなってスタイルアップして見える、などなど。

トレンドの力でコンプレックスをカムフラージュしたら、さらに、自分の長所をさりげなく強調してみましょう。

私の場合なら、気になる腰回りを計算されたタックのパンツやワイドパンツでカバーし、パンツ丈を調整して、長所である比較的細い足首をちらりと見せる、そんな着こなしが得意です。

そして、どんなトレンドが自分に合うか、どのブランドのトレンドが自分向きかは、毎シーズン変わるものと心得て。去年はとても似合っていた服が、今年も似合うかどうかは、やはり着てみないとわからないものなのです。

顔や体にさまざまな難の出てくる大人に似合う服は、50着に1着あればいいくらいで本当に少ないのが現実。なかなか似合う服が見つけられないと悩まず、くじけない心で試着にチャレンジ！

「大人がトレンドを着るとイタくないですか」とよく聞かれますが、イタいかイタくないかは自分が決めるべき。

もちろん、私も自分自身にそう言い聞かせてトレンドものを取捨選択しています。

ikuko's must item 1

one-piece

1枚でサマになるワンピース

1枚で着るだけでコーデ要らずのワンピースは、忙しい女性の強い味方。トップスとボトムスをコーディネイトすることは楽しいのですが、いくらスタイリストである私でも、多忙な日が続くと、毎日のコーディネイトが正直大変になることも。そんな時につい頼ってしまうのがワンピース。私もチコさんと同じように熱烈なワンピース好きなんです。

デザイン性の高いものなら、文字通りそれを着るだけでサマになるし、シンプルなものなら、アクセサリー次第でエレガントにもロックテイストにも装えるので、オリジナリティも出しやすい。それくらい重宝するものだからこそ、試着して自分の気持ちがあがれば、多少高価でも迷わず買っていいアイテムだと思います。

ワンピースにかける値段はトップスより少し高いくらいという人も多いと思いますが、私はトップスとボトムスを足した2着分くらいのお値段を投資しても、損はないと思っています。

選ぶ基準は、自分の体を入れた時、どれくらい気になる部分をカバーしてくれるか、よい部分を強調してくれるか。

試着の際には、全方位360度チェックすることをお忘れなく！

左 2018年秋冬にエクラプレミアム通販でプロデュースした、「美鎖骨見えワンピース」。首すじを華奢に見せ、どんな体型もカバーするゆるやかなコクーンシルエット、さらには細見え効果のあるセンターシーム入り、大人の肌色に映える黄み寄りのベージュピンクと、とことんこだわりました。

右 p8でも着ている黒のワンピースはサカイの2018年秋冬のもの。柔らか素材のワンピースにフリンジ付きのカーディガンをコーディネイトしたかのようなデザインで、たとえば華やかな席にもOKな1着です。

shirt

袖丈と肩幅がぴったりくるボタンダウンシャツ

ikuko's must item 2

学生時代、セーラー服が似合った人は華やかなフェミニンタイプ、ブレザーが似合った人はシンプルなコンサバタイプ、という「いく子流・制服メソッド」のお話は、あちこちでさせていただいていますが、私自身は、高校受験の際、セーラー服の高校とブレザーの高校の両方に受かったものの、「私は絶対ブレザー＋シャツの方が似合う」とブレザーの高校を即決で選んだという、正真正銘のコンサバ派です。

その影響か、大人になった今でもボタンダウンシャツが大好き。

このボタンダウンシャツを筆頭として、私のクローゼットはベーシックでシンプルな洋服が大半なのですが、それは胸が大きく腰が張っている、いわばX体型だから。逆を言えば、たとえば、チコさんのようにさっぱり細身のI体型の人なら、デコラティブなフリルブラウスなどが似合うということになります。

長年さまざまなシャツを着てみた結果、メリハリのあるX体型で、腕が長い私には、しっかりした生地感の、さらにメンズのボタンダウンシャツが最適だという結論に達したのです。シャツやブラウスは特に、着る人の体型に合わせてテイストを厳選することが成功への秘訣だと思います。

左 ユニクロのメンズのボタンダウンシャツ。メンズを着るのは、腕が長い私に袖の長さがちょうどいいから。洗濯をきちんとしていてもだんだんくすんでくる白は、常に清潔感ある真っ白を着たいので頻繁に買い替えます。

右 トム ブラウン。台襟が高く、さらに襟自体はそれほど大きくないので絶妙な開きに。胸が大きい私でも上半身がすっきり決まります。独特の色味も素敵で、このブルーの他グレーも愛用。グレーはp72で着用しています。

ikuko's must item

3

pants

ラクなのにきれいに見えるパンツ

「パンツ選びに苦労しなくていい体型ですね」とよく言われるのですが、自分としては「脚が長い」というわけではなく、「胴が短く腰の位置が高すぎる」という認識です。

だから、意外だと思われるかもしれませんが、パンツ選びには苦労しているんです。

体型が個性的なので、チコさんがお得意の「変わった形のパンツ」は、基本的に私はNG。その結果、選ぶのは、トラッドベースのベーシックなテーパードタイプか、ボディラインをきれいに見せるハリのある素材のワイドパンツが多いです。

スタイリストとして動き回る日は、1日中歩き回ったり、立ったり座ったり。そんな動きにも対応してくれるような、ラクなはき心地のものがベスト。

著者として講演会などを行う仕事の日は、きちんと感が必須ですから、センターシームが入っていたり、シワになりにくい素材などで、ほどよくきれいめに見えることも重要視しています。

左 2018年秋冬にエクラプレミアム通販で私がプロデュースした、ストレッチスエード調パンツは、ヘビロテ中。通常アウターに使われるようなリュクスな生地を使用。フロントには内向きのタックが入っているので気になるお腹が目立ちません。p68でベージュを着用。

右 2017年にデビューし瞬く間におしゃれ好きを魅了したアンスクリアの2018年秋冬もののワイドパンツ。ハリのある素材でボディラインを拾わず、ワイドシルエットなのに下半身をすっきり見せてくれます。マニッシュな靴に合わせてはいています。

skirt

ikuko's must item

4

バランスよくはける長め丈スカート

膝下はまっすぐしている方なので、若い頃はミニスカートをよくはいていましたが、今の私のドレスコードに膝が丸見えのミニスカートは存在しません。

45歳頃から膝下丈は死守、さらに50歳頃からはロングマキシ丈も頻繁に着るようになりました。

大人になると、たとえお手入れをしていても膝を美しく保つのは大変ですから、膝は見せない方が無難だと思います。

ロング丈のスカートは、私が好きなライダースと合わせてもバランスが取りやすいし、夏ならサンダル、冬ならショートブーツなど、フラット靴とも好相性です。

また、私は腰回りがしっかりあるタイプなので、ウエストから広がるギャザースカートはきません。腰回りがすっきりしたものを選べば、デコラティブなタイプでもきれいにはきこなせます。

左 ユニクロ ユーは、スタイリッシュなアイテム揃いで目が離せません。私の日々のワードローブでも欠かせないブランドです。シワになりにくい素材で、サイドジップ付きのラップスカート風。下半身がすっきり見えます。

右 2017年秋冬のサカイ。アシンメトリーなシルエットと、サカイらしい異素材ミックスのデコラティブな1着。私はボタンダウンシャツに合わせた意外性のあるコーデで着るのが好きです。

riders

愛してやまないライダース

ikuko's must item

5

ライダースは私のワードローブでも核となるアイテム。好きなアイテムがそのまま似合うアイテムとは限りませんから、そんなアイテムがあるというのは、とても幸せなこと。ライダースは私にとって、数少ないそんなアイテムなのです。若い頃から今まで何十着ものライダースを着てきましたが、今が一番似合っているような気がします。

昔は重くてゴワゴワで硬くて、脱ぎ着するだけで疲れてしまうようなものも多かったのですが、今は革の進化がめざましく、また各ブランドのデザイン力も格段に向上。柔らかくて動きやすいものも多く見つかる、ライダース好きには天国のような時代です。

今の私のお気に入りを厳選すると、2つのブランドに絞られます。いずれも日本ブランドだというのもなんだか嬉しいですよね。

まずはビューティフルピープル。そのデザインと品質のよさでライダース好きには定評があるブランドです。開きすぎず閉じすぎない上品な襟、存在感はありながらも主張しすぎないジップ、武骨すぎないベルト等々、長所にはきりがありません。

そして、ロゥタス。取り外しのできるファー付きでとても軽く柔らか。ストレッチがきいて動きやすさも抜群。何よりお洗濯できるのが最大の特徴です。

左 ビューティフルピープル。実はメンズです。着丈が長いから、スリムなパンツやストレートラインのワンピースに合わせています。

右 ロッタス。短めの丈だから、ロングスカートと合わせてもバランスが取りやすく、デイリーに活躍してくれる1着。p70にて着用したものはこれ。

ikuko's
must
item

6

t-shirt

1年中着ている大好きなTシャツ

Tシャツは、私にとって夏だけのアイテムではなく、冬にもフル活躍してくれるアイテム。

1年中素肌にまとっていたい大切なパートナーです。夏なら1枚で着ますし、冬はニットの下にも必ずTシャツです。ニットの首元からTシャツの襟元をほんの1cm見せるだけで着こなしがバッチリ決まることも多々。

Tシャツはそれくらいコーディネイトにおいても重要なアイテムと言えます。もちろんライブの時のライダースのインもほとんどTシャツです。

基本的に最も活躍してくれるのはシンプルなクルーネックのごくごく普通の形のもの。

好きなブランドは、数十回洗濯を重ねてもへタレない生地感の虜になってしまったチノ、循環アイテムとして大活躍のコスパがいいユニクロ ユーの2ブランド。ユニクロ ユーは、夏と冬で素材が違うのも魅力。

色は白の他、グレー、ブルーグレー、ネイビーなどが好きです。

1枚12,000円（税抜）とTシャツにしては高価ながら、
耐久性抜群で買って絶対損はないと自信を持っておすすめできるチノのホワイトTシャツ。

ほぼ毎日着ているといってもいいユニクロ ユーのTシャツは、
柔らかな風合いで肌に触れた時の感触も心地よく、各色揃えて愛用しています。

knit

ikuko's must item

7

美しき循環アイテムのベーシックニット

ニットは大好きなのですが、私にとっては実は消耗品。

なぜなら胸が大きいのでどうしても胸の両サイドに毛玉ができやすく、またバッグが当たるサイドもすれてしまいます。残念ながらニットは、高価なものでも私の場合は短命になってしまうんです。だから、買いやすいお値段のものの中から質の良いものを厳選して、どんどん循環させていくシステムを導入しています。

よく着ているのはベーシックなハイゲージ。厚手のローゲージニットは、太って見えるので私は着ません。

以前はタートルネックも着ていましたが、50歳前後にホットフラッシュの兆候が出た頃からちょっとお休み中。

私たちの世代は冬でも汗をかきがち。だから家で気軽に手洗いできるものであることも重要条件です。

ユニクロのニットはとても優秀！ お手頃価格ながら、素材のよさを十二分に味わえ満足度が高い。
毎年そのシーズンのものを数点購入し、とことん着まくります。
中央のグレーのものは、ユニクロとイネス・ド・ラ・フレサンジュのコラボアイテムで、
襟元のトレーナーのようなデザインがおしゃれ。カーキのVネック、ネイビーのクルーネックもユニクロ。

stole

雰囲気作りの必需品ストール

ikuko's must item 8

ストールやスカーフなどの巻きものが大好きです。

コートやニットなど洋服は、私の場合基本的にベーシックでコンサバ寄りのものが多いので、雰囲気作りのためにはアクセントが必要。そんな時にストールなどの巻きものが不可欠なのです。厚手のものや薄手のものなど、ある程度バリエーションをつけて揃えておくと便利です。

巻き方は、「きちんと巻かず適当に崩す」。

日本人は真面目だからか、どうしても端を揃えてきっちり折ってきれいに巻きがち。若い人はそれでもカジュアルに巻くのが上手ですが、私たち世代は、かつてのクセでCAさんのようにコンサバ巻きしてしまう人も多いのでは?

コツは、布の端と端をバイヤスに持ち、適当に対角線に折る。そのまますくしゅくしゅふんわりと巻く。決してきっちりかっちりしすぎないこと。左右に垂れる長さも同じにしないように気をつけてください。

今はシルクウールやシルクカシミアなど、肌触りのいい素材が多く、巻くだけで幸せな気持ちになれるのも嬉しいですよね。

旅行に行く時も、柄ものと無地の最低2枚は持っていきます。
右の2点は、異素材ミックスが素敵なアルテア、グレージュのものは、肌触りが最高なファリエロ サルティ、左はお手頃価格で柄がおしゃれなザラ。いずれもデイリーに大活躍してくれるものです。

ikuko's
must
item

bag

9

お気に入りブランドバッグは大小2個揃え

振り返ってみると、私は約3年に1、2個の周期で、ブランドもののバッグを買っています。

ブランドものですからやはりそれなりにいいお値段はしますが、買った以上、よほどの大雨とかあまりにも荷物が多いという時以外、ほぼ毎日持っています。

1個20万円のバッグを、1年で300日、3年で900日持ったら、1日あたり約222円。

コーヒー1杯分よりも安い。そう思うとお得でしょ？

だからこそ買う時は本当に毎日持つかどうかをとことん考えます。

いくら素敵でも重すぎるバッグは、体力も落ちてきたし、私は基本、地下鉄&歩き派なので、なるべく手を出さないようにしています。

大切にとっておいても、今使わないと次の出番が来た時には、すでに時代遅れになっているということもありえます。だから、高いブランドバッグこそ、買ったその日からガンガン使うようにしています。

私の周囲には、地曳いく子＝ロックスタッズと思っている人が多いのでは？　それくらい頻繁に持っている
ヴァレンティノのロックスタッズバッグ。トートの方はリバーシブルにもなり、裏返すとホワイトです。

丈夫で軽いゴヤールはお仕事バッグの大定番。ホワイトのトートは、太い持ち手が珍しいパリ本店のみの
エクスクルーシブ。オーダーでイニシャルを入れてもらったボストンは、10年以上活躍してくれています。

ikuko's must item 10

靴は中寸までの黒が私の定番

shoes

スタイリストという仕事をしていると、歩き回ることが多く、靴は普通より早く傷みます。だから1シーズンで3足くらいを履き倒すつもりで、活躍してくれる靴を最低3足は厳選しています。

数年前に足首にケガをしてから、高いヒールの靴は履けなくなり、デザイン性よりも歩きやすく疲れないもの、ヒールは4㎝前後までのものが絶対条件に。ヒールはその高さより、大切なのは地面との角度！　以前は45度くらいでも履いていましたが、今は30度までを限度に選ぶようにしています。

とはいえ、今はローヒール全盛時代。ヒールがなくてもおしゃれな靴がたくさんあります。スニーカーも市民権を得ていますから、ワンピースに合わせても素敵に履きこなせるものも多く、つくづくいい時代に大人になってよかったなと思っています。

トレンドに永遠がないように自分の脚も永遠ではありません。

脚の形も、健康状態も、生活スタイルも日々刻々と変わっていくもの。

ずっと自分に合う靴なんてないと心得て、毎シーズン足元はきちんとバージョンアップさせることを心がけています。

秋冬のスタメン靴。(上左から) パトリックのグレーのスニーカー。ちなみにスニーカーは洗濯機で洗う派です！　低めのヒールで履きやすいスタッズ付きのブーティは、自分でデザインしたもので、エレガントとロックを絶妙に融合。サカイの2018年秋冬のフェイクファーシューズ。トラッドなタッセル付きローファーはトッズ。

hair

手を抜いてはいけないもの、その筆頭は髪！

愛用のヘアケアアイテム。ukaのヘアオイルや、TWIGGY.のヘアクリーム、スカルプローションなどで、髪と頭皮のケアを行うのが朝晩のルーティンです。

頭の先から足元まですべてがびしっと決まっている人が素敵なのは当たり前。

でも、街行く人で「あ、あの人なんだかいい雰囲気」と思ったり、いつも会う人で「洋服は普通なのにいつ会ってもセンスがいいな」と思う人の共通点は、髪にツヤがあって今風かどうかにあるように思います。

私たち世代にありがちなのが、いつまでも自分が最高に輝いていた時代のヘアスタイルを頑なにやり続けてしまうこと。あの頃素敵だった髪型を今同じようにやっても、年齢を重ねて水分も油分もハリも量も減った「すっかり大人髪」では残念になるだけ。

髪型は今風のものにアップデートし、さらに、日々のお手入れもこつこつ丁寧に行うだけで、好感度の高い髪がキープできるもの。

私は、どんなに忙しくても1か月半に1回はカットし、白髪もまめにケア。

ケアアイテムはお気に入りの香りのものを選んで、自宅で楽しんで行うようにしています。

行きつけのサロンはTWIGGY.。カットは松浦美穂さん（写真左）か、山本リエコさん、カラーはステファンさんに担当してもらうことが多いです。私の髪のクセを活かした手がかからないカットにしてくれているので、普段はハンドブローのみで仕上げられてラクちん！

hand & nail

ケアの効果が出やすい手や爪のお手入れも日課に

もちろん全身を毎日きちんとお手入れできれば、それに越したことはありませんが、あれこれ忙しい毎日、それは不可能というもの。だから、ポイントを絞ってケアをするのが賢い選択。

髪はその筆頭ですが、次に注目したいのが手です。

他人の視線が集まりがちな手は、気を遣っている人とそうでない人の差が歴然と出るパーツ。

ハンドクリームでの保湿のほかに、ネイルのお手入れも怠りません。

究極は素の爪が美しくツヤがあればいいのですが、大人になるとそういうわけにはいきませんよね。だからこそ、まめに保湿をして、きれいにネイルカラーを塗ること。

私は、ネイルサロンでのお手入れと自宅でのセルフケアをバランスよく組み合わせて、なるべくいつもきれいな爪をキープするようにしています。

手が大きく指が長い方なので、長さを出したりアートはしません。基本は単色塗りで、シンプルな美しさを心がけています。

年に数回、ukaの渡邉季穂さんにお手入れしてもらっています。季穂さんの手がけてくれるネイルは、なんでもないラウンドの形やシンプルな単色の塗り方が絶品。とても品があって素敵なんです。

セルフネイルの際、定番は素爪がきれいに見える白やグレーですが、今のお気に入りは、ukaの赤のネイルカラー。赤でもいろんなタイプがあって選ぶ時間も楽しい。爪が欠けた際の応急処置のため、爪やすりをいつもポーチに入れて持ち歩いています。

glasses

黒縁眼鏡は大人の七難隠す

私は黒の洋服が好きですから、いくつになってもかっこよく黒を着たい。だから、黒のアイラインをきっちり引く、眉もしっかり描くなどで、顔のぼんやり感を払拭するように心がけています。でも、時間がない時も往々にしてあるので、そんな時は黒縁眼鏡をかけています。シワ隠しにもなり、便利ですよ。

実は、60歳以上のハリウッドセレブにも黒縁眼鏡を愛用している人が多いんです。なぜなら、顔が締まって見えるし、知的にも見えるから。

これくらいの年齢になってくると、とにかく目がどんどん見えなくなってきますよね。不便な思いをするくらいなら、お気に入りの黒縁眼鏡を用途別に揃えて、いつでもかっこよさと快適さをキープしたいもの。そう気がついた私は、数種類の眼鏡を揃えています。

近視、乱視、老眼が入っているので、まずはそのすべてを網羅する遠近両用眼鏡。そしてコンタクトレンズをした時の手元用の老眼鏡。これは、レンズの下部には老眼矯正が入っていますが、上部は素通し。手元を見てから遠くを見ても気持ち悪くなりません。それと同じ状態のサングラスも、濃い色と薄い色で2タイプ作りました。

万全の眼鏡ライフで、目の老化対策とおしゃれ、一石二鳥を実現しています！

私の眼鏡コレクション。PC仕事用のブルーライトカットのものも。トム フォードやミュウミュウなどのブランドのフレームを、レンズだけ希望のものに替えてもらうことも。JINSや眼鏡市場でも作ります。

rock
これからは
自分らしさ全開で生きていく！

私は大のロック好き、特にザ・ローリング・ストーンズの大ファン。小学生の頃からですから、自分でいうのもなんですが、かなりの筋金入りです（笑）。

大人になった今では、世界中で行われるライブに足を運ぶ日々。最近もロンドンまでライブを観に行ってきたのですが、そこで出会った往年のストーンズファンのお姉さま方の、振り切ったスタイルには行く度に目も心も奪われています。

60歳なんて序の口、70歳を超えた人も数多くいるのですが、それはそれはイケていて、大人ならではの〝今の〟ロックファッションを存分に楽しんでいる。もちろん顔はシワシワだけど、格好は〝2018年の〟ロックファッションの彼女たちは、もう若作りなんて範疇ではありませんでした。

自信満々で好きなスタイルを着こなす姿は、その人そのもの、個性そのものになっていて、「一生ロックが好きです！」、「これが私よ！」そんな思いがひしひしと伝わってきました。

自分らしさ強めどころか、自分らしさ全面押しの全開状態なんです。

かっこいいライダースに、きれいなカットソーと素敵なスカートの75歳もいれば、両手にインディアンジュエリーをどっさりつけてカットオフデニムをはいている70歳もいる。

その様は、かっこいいのひと言！

決して、若い人の真似なんかではなく、「若いやつよ、悔しかったら私たちの真似をしてみな！」というくらいのパワーなんです。

私、その時にこれだ！　と思ったんです、自分が目指すべきスタイルは。

日本だと、まだまだ若さ優位の社会だから、年齢を重ねることが恥ずかしい、そんな風潮が残っているのは事実。だから、ついつい10代、20代の娘と同じ格好をしてしまう自称美魔女がけっこういる。でも、それって何だか残念ですよね。若い子と同じ土俵で勝負せず、私たちは自分たちのスタイルで勝負すればいいんじゃないかと私は思います。

考えてみてください。若い人たちが今夢中になっているファッションや美容のトレンドは、どれも私たちが以前1回やったことばかりだと気づきませんか。

経験も学習も何もかも私たち大人の方が何倍、何十倍も豊富。だから、こっちが若い人の方に降りていくのではなく、若い人たちに、「こんな大人になりたい」と言われるような、リスペクトされる大人になればいいんです。

そのためには、媚びちゃダメ。正々堂々自分らしさ全開で行く！

私はそう心に決めて生きています。

lifework

パームスプリングス
大人ロックの祭典！

ストーンズライブ
ハイドパークで最前列ゲット！

ライブ参戦は プラスアルファの楽しみも

この年齢になるとひと通りのことは経験しているから、だんだん好奇心や欲もなくなってくるもの。さらに、今は便利な世の中だから、特に外出しなくても、ネット通販で色々買えてしまうし、誰にも会わずに家に閉じこもっていてもなんとか生きていけるものです。

でも、人間、人目に触れないと何もかもがどんどん面倒になって、外見も内面も老化してしまう。

そこで私が思い出すのは、「若作りをしなくても、魂が若ければ若くいられる」を実践している、先述のストーンズファンの素敵なお姉さま方のポジティブな笑顔。

じゃあ、私の魂を若くしてくれるのは何？　と考えると、やっぱりロック！　そこで、気になるライブにはとことん足を向けようと決めたのです。

私はザ・ローリング・ストーンズ以外にも応援してい

ライブ仲間とライブ後に
オイスターを満喫。

ロンドンのテムズ川の夕暮れ。

ライブにビールはつきもの！

ストーンズのライブ会場

ニュージーランドの
パンクス、スコットと。

スコットのウェディング
パーティーにも参加！

るバンドがいくつかあって、彼らのライブを見るために日本中、時には海外にも出かけます。そうすると、「スタイリスト、著者」という普段の私ではなかなか知り合えないような仲間が自然とできるもの。

年齢性別もバラバラ、ロック好きだけが共通点の彼ら彼女らとの人間関係は実に明快。楽しい時間だけを共有できればいい。

ライブを楽しんだら、そのついでにその土地の美味しいものを食べたり、地酒を味わったり、お祭りに参加してみたり、素敵な美術館に足を運んだり。ライブに付随して、楽しいことがどんどん体験できる。

家に閉じこもってぼんやりしていたら出合えないようなコトやモノに出合うことができたのです。

好きなこと、打ち込めることを見つけると、必ず世界が広がります。

見た目を若くしようと必死になるより、魂を若くする、行動を若くすることを心がければ、自然と若々しくいられる、私はそう信じています。

ニュージーランドにて「宇宙三輪車」のメンバーと。

ライブ会場にて、世界の
ストーンズ仲間集合！

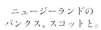

大好きなロックのアルバムを額に入れてベッドルームの壁に飾っています。毎朝目が覚めると私の目に映るのはこんな風景。

音響にこだわったリビングの一角。デジタルは便利ですが、昔から大切にしているレコード盤やCDで聴きたくなることも度々。ターンテーブルは今でも現役で働いてくれています！

学生時代はバンドを組んでいた私。担当はギター。今でもちょこっと練習したりしています。マーシャルのアンプ型スピーカーはアウトドアで音楽を楽しむ用です。

スピーカーにはこだわっていて、リビングとベッドルームにいくつか設置。これはLIBRATONEのスピーカー。シックなデザインでインテリアにも馴染み、気に入っています。

gadgets

大人こそガジェットを味方に！

デジタル分野の進化はめざましく、どんどん新しく便利なものが誕生しています。でも、私たち世代の中には、難しいからとか、なくても困らないからといった理由で、それらを理解しようともせず、進化についていけないorいかない人も多いように思います。でもそれって本当にもったいないことだと私は思うんです。

私はもともと、子どもの頃から大の機械好き。その延長でパソコンもデジタルも自然に消化して生きてきました。携帯電話はもちろん、MacもiPhoneもずいぶん初期から愛用しています。いわゆるガジェット大好き人間なんですね。

２０１７年頃から次々とリリースされ始めたスマートスピーカーも、もう私にはなくてはならない存在。アマゾンの「Amazon Echo」（アレクサ）は洗面所用、グーグルの「Google Home mini」はリビングルーム用と使い分けています。話しかけるだけで、テレビや照明、エアコンのオンオフ、今日の予定の読み上げ、メールの送信などなど、自分の手を煩わせることなく次々とアシストしてくれるアレクサちゃんとグーグルちゃんは、もはや私の大切なファミリー！　歯みがきしながら、ペリエやコピー用紙も注文できちゃいます。

この子たちがいれば、将来多少体がしんどくなってきても何とかなるような気も(笑)。

こんなに便利なアイテムなんですから、アラウンド60の人たちこそ味方につけるべきだと思います。

洗面台にセットしているアレクサちゃんは、我が家の美容班。保湿マスク中にタイマーを作動させ、
待ち時間の間にはご機嫌な曲を流しつつ今日のスケジュールも読み上げてくれる、超優秀なアシスタント！

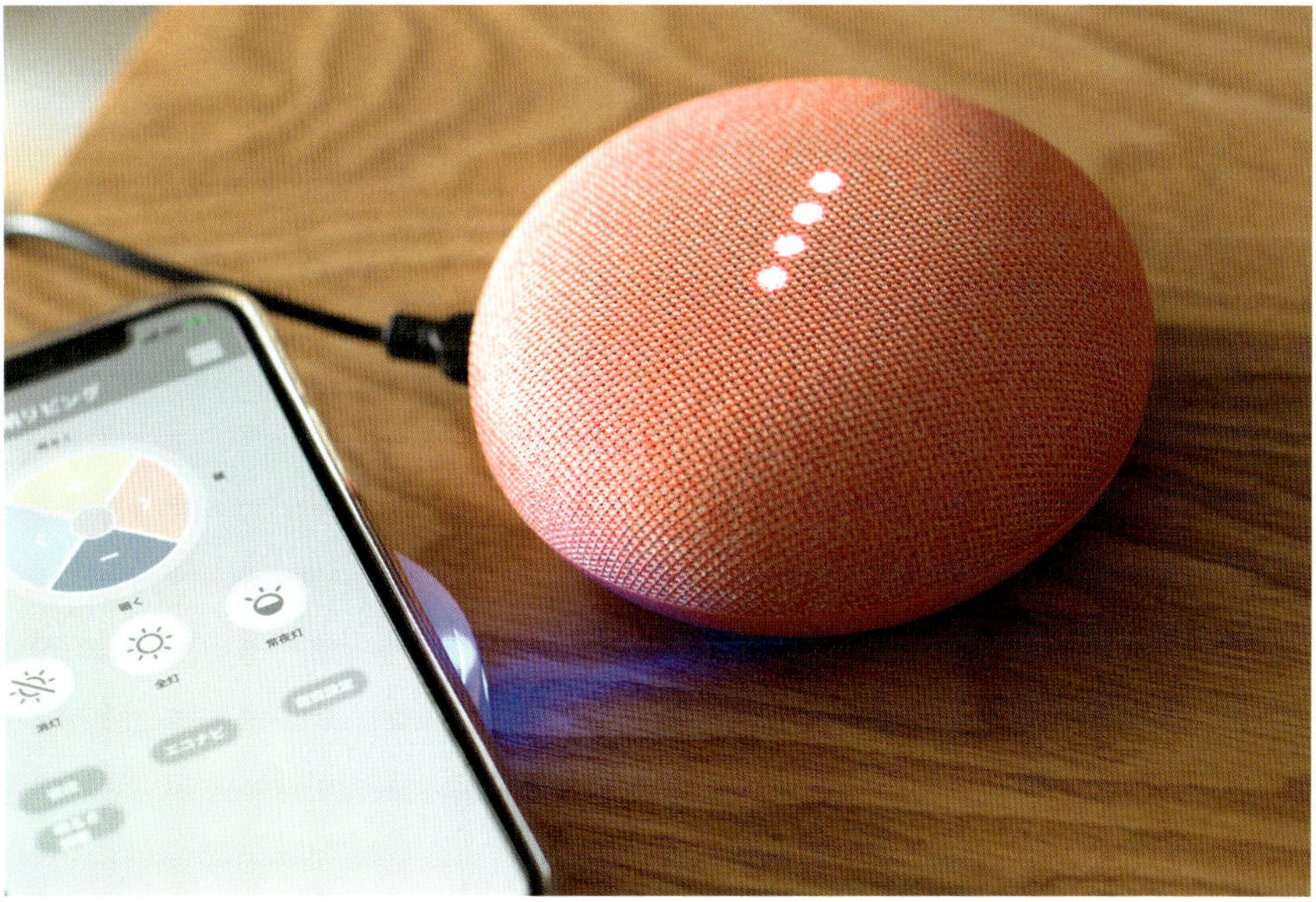

リビングのテーブルにはグーグルちゃんが鎮座。手がふさがっている時にテレビのチャンネルを変えてくれたり、
仕事のメールのやり取りも完全サポート。また、スマホには、家の中の電化製品を操作できるアプリを入れ、
ラトックシステム 家電コントローラーも導入し、外出先からエアコンを調節することもできます。

月島にある我が家は隅田川のリバーサイド。ベランダから川の向こう側に落ちていく夕日を眺められる絶景のポジション。リビングの壁にはそんなリバーサイドとリンクする池田衆さん作のアートを飾り、リバーサイドライフを満喫。

tableware

器は使ってこそ！エルメスだって普段使いに

自炊派なので、器は大好きです。和食器なら、江戸好みのあっさりしたものや粉ひきの器などが多く、洋食器ならエルメスのテーブルウエアと無印良品のシンプルなものをミックスして愛用しています。

高価な食器は、大切にしすぎて特別な時のためにしまい込んでしまいがちですが、洋服と同じで、やはり器も使ってこそ。

私も以前は、お客様用と普段の器を分けていて、高価なものほどしまったままにしていました。ですが、震災でそれらがかなり割れてしまったのを機に、しまっておいても仕方ないと思い、エルメスもバカラもどんどん普段の食卓に登場させるようになりました。

エルメスの赤い柄は、藍色の和食器との相性もよく、煮物や焼き魚なんかも素敵に見せてくれます。もちろんイタリアンやスイーツにも合います。

洋食器と和食器の垣根を外してどんどんミックスするのも楽しいですよ。

そうすると新しい発見があって、いつもの食事が何倍も有意義なものになったりします。

我が家の食器棚は、あちこちで見つけた食器がぎっしり詰め込まれていますが、
お皿の大きさを揃えて買うと、収納が簡単で、どこに何があるかはすぐわかります。
シンプルで使いやすい無印良品の食器棚を愛用中。

金色のドットがついた二つの器は、アーティストの村上周さんのもの。30〜50年前の絵付けが未完成な有田焼に金彩を施したもので、お気に入りのひとつです。左下に重ねたシンプルなお皿は無印良品。シンプルでとても合わせやすく重宝しています。

藍色の器が好きです。伝統的な藍色の器に、現代的なエッセンスのものをミックスしてコーディネイトするのが私流。オクラとブドウを載せた2つの赤い柄のお皿と、その間の花のような模様の2枚の藍色のお皿はエルメス。和食器と合わせても何の違和感もなく馴染んでくれます。

旅に出かけるとついつい器を買ってしまうタイプです。そんな海外で見つけた器を並べてみました。スペインやハワイ、ベトナム、そしてパリやロスなどなど。海外では、器屋さんだけではなく、土産物店、雑貨店、そしてセレクトショップなどでもセンスのいい器と出合えるので、必ずチェックするようにしています。

こうしてあらためて見てみると、植物モチーフやグリーンのものが多いですね。グリーンも藍色と相性がいいので、手持ちの器たちともミックスしやすく、またお料理もおいしく見える使い勝手のいい色だと思います。

veranda of flower

リバーサイドライフは
グリーンとともに

私たちの母親世代は、家の中にお花を飾る習慣がありましたよね。私の母もそうで、幼い頃から、家にはお花がたくさん飾られていて、床の間はもちろん、柱の一輪挿し、玄関の花びんなどには、いつも季節を感じさせてくれるお花がありました。

また生まれ育った下町では、どの家でも物干しや玄関先に花鉢を並べていて、自然と生活の中には緑と花があるものと思って育ったんです。

その影響で、私の自宅にはいつも植物があり、緑や花がないと落ち着かないくらい。

グリーンだけも好きですが、お花なら、蘭やハイビスカス等の華やかなものが好きです。

隅田川に面したベランダには、ハンギングのグリーンをつるして、お天気のいい日の夕暮れに、ハンモックでゆっくりビールを飲みながら好きな音楽を聴く時間は、とっても幸せを感じます。

ベランダから見える
隅田川には遊覧船が。

ベランダの水鉢で
メダカを飼っています。

mother

「似合うものが少ない方がおしゃれは極められる」母から多くのことを学びました

スタイリストとして何十年も活動してきて、さまざまな人やものから影響を受けてきましたが、私のファッション観や美意識に最も大きな影響を与えたのは、母・渡辺葉子です。母は、背も高くなく結構太っていて、なんでも似合う体型ではありませんでした。それでも、母はとってもおしゃれな女性だったのです。幼い私の目にそう映っただけではなく、周囲からも常にそう言われていたので、本当にそうだったのだと思います。

母のスタイルはひと言でいうと、超コンサバ。髪はいつもきちんとセットし、洋服はすべてお仕立て。好きな色は、紺。

軽石やハンドクリームで手脚の手入れを常に怠らず、決して美人ではなかったけれど、ワンピースからのぞく手脚は、いつもうっとりするほどきれいでした。

幼い私に対しても容赦なく、洋服は紺か白。無地が基本で、柄といえばストライプかチェックのみ。子どもだからといって可愛い花柄なんてほとんど着させてもらえませんでしたし、当時みんながはいていたフリルのついた靴下も買ってくれず、靴下といえば白か

黒か紺できっちり三つ折り。

当時は「なんで？」と思ったりもしましたが、今思うと、私はそういう可愛いものが似合わなかったんだと思います。

母は、「この子は可愛いものが似合うタイプじゃない」と判断して、それを私に教えてくれていたんですね。


そんな毅然とした美意識を持ち、実践していた母。

そうなったのは、母の父が早くに亡くなり決して裕福ではなかったことや、また女学校時代に戦争も経験、幼少期から青春時代にかけておそらく大変な苦労を体験したからではないかと思います。

戦後、職業婦人となり、「自分で稼いだお金で自分の好きな服を着る」ことに大変な喜びを感じたと聞いたことがあります。だからこそ、ファッションに対する審美眼が、平和な時代の人とは比べものにならないくらい鋭かったんだと思います。

自分が苦労した分、私に対しては幼い頃から色々体験させてくれました。家業で多忙な日々の中、教育にはお金をかけてくれたし、旅行にも頻繁に連れて行ってくれ、いいもの、美しいもの、今見ておくべきものをたくさん見せ、さまざまな経験もさせてくれました。厳しいところもありましたが、そのおかげで今の私がある。心から感謝しています。


母から教えてもらったことはたくさんあります。

mother

そのひとつが、「似合うものが少ない方がおしゃれは極められる」ということ。

スタイルがいいわけではなく似合わないものの方が断然多かった母。でも、数少ない似合うものを徹底的に極めていました。

洋服は、スーツ、ワンピース、セットアップ。夏でも美意識に反するからノースリーブなんか絶対に着ない。洋服はすべて御茶ノ水の仕立屋さんまで出向き、袖の長さもミリ単位でオーダー。ボタンや裏地まで徹底的にこだわって作っていました。

参考にしていたのは、『ＶＯＧＵＥ』などの洋雑誌。雑誌に出ているモデルさんとは体型が全然違うから同じものにはならないのですが、そのエッセンスをきっちりピックアップしてオーダーするのがすごく上手な人でした。

今思い返してみると、母は、自分の気になるところは目立たなくし、良いところを目立たせる「形を極める名人」だったと思います。

そんな母にくっついて幼少期を過ごした私は、知らず知らずのうちに「完璧じゃない人の方がおしゃれは極められるんじゃないか」と学んだようです。


私たちも年齢を重ねてきて、若い頃は履けたハイヒールが履けなくなるし、体型も崩れて着られないものがどんどん増えてくるお年頃ですよね。

でも、「今こそおしゃれを極められる時」と考えれば、逆に楽しくなってきませんか。

私は私。自分の個性をとことん極める。そう思える今の私。

若い頃は母とはまったく好きなものが違う、と思い込んでいましたが、気がつくとコンサバな服が増えてきていて自分でもびっくり。
やっぱり葉子さんの影響が大きいんだな、としみじみ感じ、苦笑しています。

父も母も今は天国。リビングルームにあるお仏壇は私らしくフリーダムに。お気に入りのフレームに父と母の写真を入れ、旬のお花といい香りのお香は欠かさず。毎朝のお水はお気に入りの器で。印刷業を営んでいた父はとても二枚目で、デザインやアートが好きな人。幼い私を頻繁に映画や美術館に連れて行ってくれました。

おしゃれ対談

正真正銘の自由を手に入れた今、さあ、自由な時間を楽しもう！

地曳 チコさんは、モデルとして活躍しつつ、母親としての生活もきちんと全うされてらっしゃるところ、リスペクトしてるんですよ、私。

黒田 ありがとう。でもごく自然にそうなっただけなんです。いく子ちゃんも知っている通り私は、一生懸命頑張るぞ〜！　と努力するタイプじゃない（笑）。ただただ今目の前のことを楽しもうと過ごしてきただけです。とはいえ娘が小さい時は、その日その日が全力投球。幼い子どもとの日常は、自分のことに構っていられないことも多々あったけれど、今思うととても充実していたし、私にとっては大切な財産です。

地曳　その娘さんももう成人し独立され、生まれて初めての一人暮らしも経験したんですよね。

黒田　短期間だけど今、ちょっと一人。一人暮らしは寂しいといえば寂しいですが、本当に自由だなあって実感できる。娘とも離れて暮らすことによって、お互いすごく自然に親子離れできてよかったな、と思っています。この感覚はとっても新鮮ですね。

地曳　寂しいと自由は背中合わせですからね。私も今は一人暮らしですが、決めるのも自分、責任を取るのも自分というのは、時に大変だけど、私の性分には合っています。私たちの年齢って、親からのプレッシャーがなくなる頃でもありますよね。

黒田　私たちの親世代って、○○はこうあるべきという考え方の強い世代で、意外と口うるさいところがある。でも、親世代もだんだん歳をとってきて、上からのプレッシャーが少なくなってくる時期なのかも、この年代って。

地曳　私は少し早く、40歳の頃には両親とも他界してしまい、親とか親戚のしがらみもだんだん薄くなってきて、それはそれで寂しく思うこともありました。でも、今になってみると肩の荷が下りたなって感じです。娘としてしなければならないこともし終えたし、私、今自由なんだなってしみじみ思っています。正真正銘の自由を手に入れた、じゃあ、これからどうする？　って、今熟考中です。

黒田　躊躇なく満喫しているようにしか見えない！　そうそう、いく子ちゃんと私の共通点って、お花や器が好きなところと、あと料理するのが苦にならないところ。そして、一人で家の中を好きなようにして、なんだか楽しんでますよね。

地曳　音楽、お花、そして器。私たちの自宅、好きなもので埋め尽くされていますよね。自宅が心地いいってそれだけで幸せ。自由になったからこそのこの感覚、満喫したいですよね！

chiko's
style
life

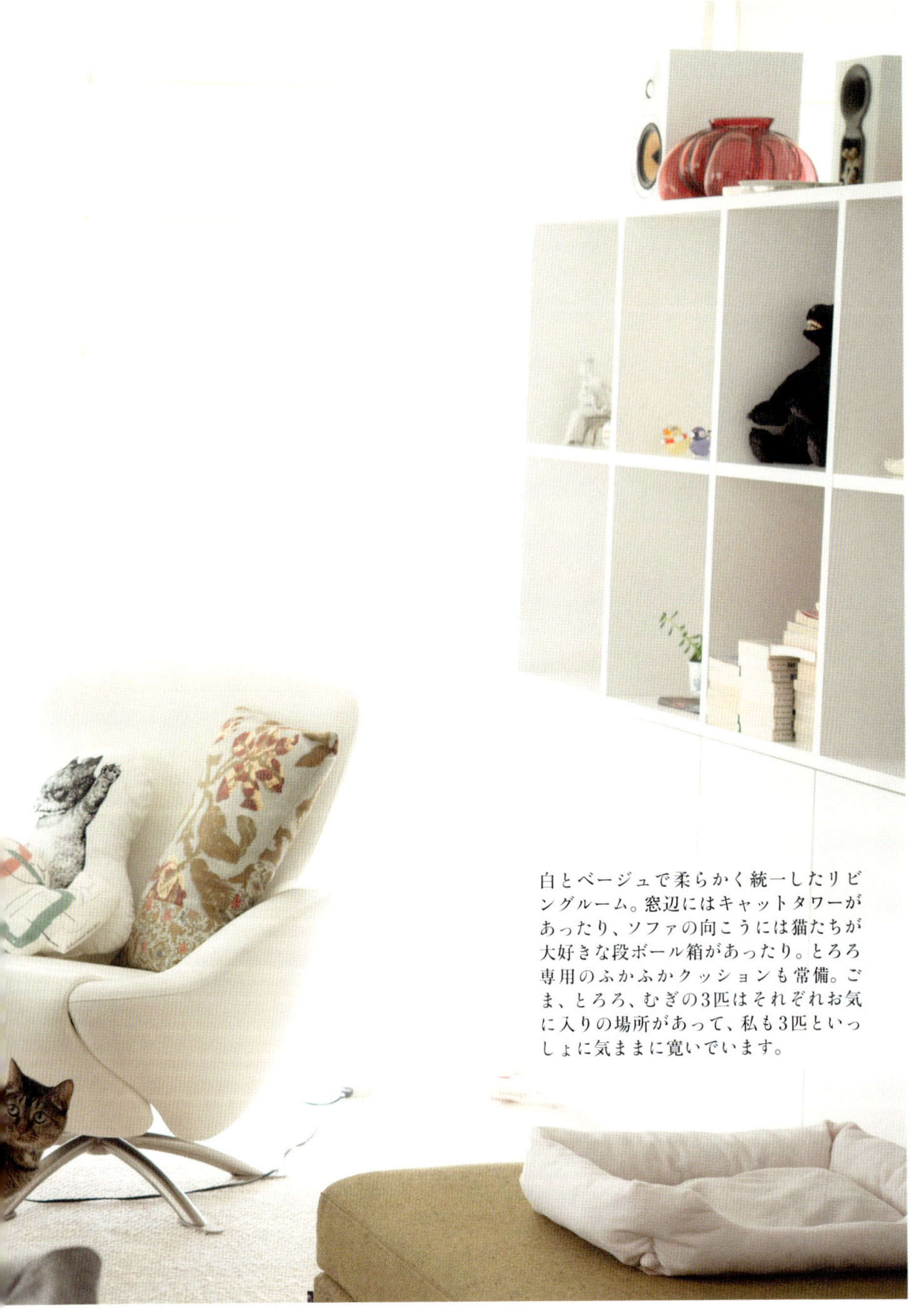

白とベージュで柔らかく統一したリビングルーム。窓辺にはキャットタワーがあったり、ソファの向こうには猫たちが大好きな段ボール箱があったり。とろろ専用のふかふかクッションも常備。ごま、とろろ、むぎの3匹はそれぞれお気に入りの場所があって、私も3匹といっしょに気ままに寛いでいます。

family

ごま、とろろ、むぎ、の3匹との暮らし

娘が幼い頃、黒のラブラドールレトリバーのロビンと暮らしていました。一人っ子の娘とロビンは、嬉しい時も悲しい時もまるで姉弟のようにじゃれあって育ちましたが、娘が高校生の頃、ロビンは12歳で天国に旅立ちました。ロビンとお別れした時は母娘でたくさん泣きましたし、とても辛かった。

でも、それから数年経った頃から、娘と二人で、ロビンとの日々を懐かしく語ることができるようになり、なんとなく二人ともまた動物と暮らしたいなあと思い始めていたある日、娘が小さな子猫を連れて帰ってきたんです。その白黒の子猫は、鼻の横にまるでマリリン・モンローのほくろのような黒い点があって、それはそれは可愛かった。それが保護されていたごまとの出合い。娘が私の承諾も得ずに譲り受けて帰ってきたのに、手のひらに乗るくらいの小さなごまの姿を見た瞬間、動物ともう一度暮らしたい！　という思いが一気に固まったのです。そして、今度は保護猫、保護犬と暮らそうと考えるようになりました。

ごまが来てから1か月後に迎えたのがモフモフの白い毛と黒い瞳がチャームポイントの犬のとろろ。次も保護されている子をと思い閲覧していた保護犬のサイトで、つぶらな瞳に今度は私がひと目ぼれ。2歳くらいだったとろろを、家族に迎え入れました。

それから3年後に、猫の保護活動をしている知り合いから譲り受けたのが、生後3、4か月くらいだった茶色の子猫むぎ。

こうして3匹が揃い、ごま、とろろ、むぎとの生活は今年で4年になります。

ごまは、おっとりした男の子。繊細なところもあって、むぎが来た時はなんだかショックを受けて入院騒ぎもありましたが、今では、いいお兄さんです。うちに来た時は手のひらに乗るくらいのちっちゃなちっちゃな子猫だったのに、今は立派なモノトーンのロングヘアに、しっぽもふっさふさ!

とろろは、本当におとなしくて優しい男の子。いや、むしろおとなしいおじさん(笑)。寝ているところを、ごまとむぎが自分の上を飛び越えたり、どたばた走り回っても常に穏やかな表情をキープ。でも、雷が大嫌いで、キュンキュン泣きながら避難する小心者でもあります。

むぎは、末っ子らしい甘え上手。とってもおしゃべり好きで、話しかけるといろんな鳴き方で応えてくれます。私が新聞を読んでいると新聞の上に、パソコンを開いているとキーボードの上に乗り、自慢のおしりをひょいっとこっちに向ける〝おしりーな〟ポーズが得意。お客様がいらしたら必ずみなさんにご挨拶する社交的な女の子です。

この子たちがいるとどんなに疲れていても朝早く起きなきゃならないし、暑くても寒くても絶対にお散歩に行かなきゃならない。でも、そんなことは気にならないくらい、3匹3様の可愛さで私を癒やしてくれ、毎日とびきりのハッピーをくれます。居場所を探していた3匹が我が家でのんびり穏やかに暮らしてくれる。それだけで私も幸せ!

family

ゴハンまだ〜？

なんということはないけど、可愛いなぁ〜

三匹

くつろぐお三方。

もめてる？　てっぺん狙ってる？　ん？

むぎの爪研ぎと化しているパター練習マット

「おかえりなさい！」

ある日のお出迎え。後ろの箱がボロボロなのは全部むぎのしわざです。

とろろ

早く足を洗ってくださいな。

実は雨ガッパが大嫌いなとろさん。

そんな嫌そうな顔をしてはいけません！

8年前、とろさんが我が家にやって来た！ちょっと不安そうな表情……でもすぐ、ごまとは仲良しに♡　うちに来て良かったと思ってくれてるかなぁ～

family

ごま

ベッドの真ん中で横向きに寝るごま。端の方で行儀よく寝る私。

…zzZ

「探し物中にゃ」

2011年5月、ごまちゃんがうちに来た時、こんにゃに小さかったのです♡ 壁紙を破る、植木の上に寝てダメにする、カシミアのストールが好きでかじって穴を開ける、等色々やってくれましたが、今では心優しいお兄さんです！

お風呂日和。目が必死！

「ごまバッヂ、そっくりにゃ！」

むぎ

自宅での撮影中。何事もチェック第一のむぎ。

「むぎバッヂ、なんて上手なんでしょう すごーくかわいいわ♡」

うちのソファはぶちぶちしてる。犯人はこの人。

ちょっとおブスなむぎが好き。

「ママさ、下手すぎない？ まぁ、頑張ってね」

linen

1年中、リネンの肌触りに包まれる幸せ

白、ベージュ、ブルーのベッドリネン。

リネン（麻）が、自分の肌の近くにあるとなんだかとっても気持ちよくて大好きです。リネンといえば、夏の素材のイメージがあると思うのですが、私は1年中愛用しています。シーツや枕カバーは、冬でもリネン素材です。

リネンは、夏はさらっと涼やかで、冬はほどよく暖かく決してひんやりしない。いつも最適な温度と湿度をキープしてくれるすぐれものなんです。コットンのシーツは、冬だと最初はひんやり冷たいでしょ。お布団に入った時ゾクッとすることがあるけれど、リネンなら寒い冬でも案外、大丈夫。毎朝私を起こしに来る、ごま、むぎもそんなリネンのシーツの感触がお気に入りのよう。2匹でシーツの上でまったりという場面もよく目撃します。

ゆっくりストレスなく寛ぎたいリビングルームでもリネンのものがあちこちに。

我が家は東側と北側に大きな窓があるんですが、いずれもリネン素材のシェードカーテンを使用しています。太陽の光もリネンを通すとナチュラルで優しい雰囲気になります。ソファに置いたクッションカバーやブランケットもリネン。

お昼寝するにもぴったりな、ソファまわりです。

flower

気負うことなくナチュラルに
お花も私流で

リビングにも寝室にもグリーンや花を飾って楽しんでいます。とはいえ、どんな時でも絶対花を飾らなければならない、っていうわけではなく、忙しくてお花を買いに行く暇がない時は、なんにも飾らない日が数日続くことも。気が向いた時に、数本の花やグリーンを気ままに飾る、それくらいのゆるい気持ちで向き合うようにしています。

しなければならないことが多いといつの間にか楽しめなくなってしまいますから、面倒なルールはなし！　自分が気持ちいいと思えるよう、自由気ままに活けています。

別にアレンジメントを飾るわけではないので、その時いいなと思った花を、1、2本だけ買ってシンプルに飾ることが多いです。そういう意味では洋服のコーディネイトと似ているかもしれません。

たまには派手な色や濃い色の花も、多いのは白や淡い色合いの花にグリーンをプラス、そんな花あしらいが好きです。

そうそう、一輪挿しなどは、猫がというか、むぎが倒してしまうので、夜寝る時は、むぎが行けない棚の高いところに花器ごと避難するのも日課です。

vase

使わない時は花器もインテリアの一部に

花器自体も好きでいくつか持っています。

どんな花にも合うし、また、どんなインテリアにも馴染むので、ガラスのものが多いです。あとは、備前焼や白磁の花器も好きです。ガラスのピッチャーを花器代わりにすることも。

使わない花器は、普段はリビングの棚の一番上に並べて飾っておきます。インテリアの一部にもなり、一石二鳥の見せる収納ですね（笑）。

リビングルームのキャビネットの一番上が花器類の収納スペース。ガラスや備前焼、白磁のものを適当に並べていますが、なんとなく相性がいいみたいです。花器の奥に飾った絵は、パリで購入した藤田嗣治の少女像、ジョー・バーディの双子の男の子のイラスト。p142の岡晋吾さんの花器は猫たちが倒せないすぐれもの！　右は中里花子さん作です。

tableware

普段の食卓こそお気に入りの器で

基本は体調・体型管理のために、極力自炊を心がけています。大好きなパンとコーヒーが主役の朝食、一人で手軽に済ませる麺類が多い昼食、おやつと飲み物でリフレッシュするお茶の時間、あっさりめが基本の夕食。たとえ一人でいただく時でも、お盆やランチョンマットの上にお気に入りの器を配して、自宅での食事の時間を楽しんでいます。

だから、器やお盆が大好き。出合いも一期一会を大切にしています。仕事帰りに立ち寄ったショップで、旅行に出かけた際に訪れた工房で、「素敵！」「可愛い！」とピンときた時がご縁。

ちょっと高価なものや、作家さんの作品も、どんどん日常使いにしています。器は使ってこそ。使わなければよさもわからない。いざという時やホームパーティなんてそうそうあるもんじゃないですからね。

だから一人で食べるお昼のおうどんにだって、お気に入りの器を使って、器ごと食事を楽しんでいます。

少々手抜きなお料理もなんだかよく見える。いいことです。

自宅のダイニングで寛ぐ時は必ずお茶を楽しみながら。
お気に入りの器に、その時に飲みたいものを注いで、ゆっくりと楽しみます。
ついついコーヒー、紅茶、日本茶とお茶タイムが長くなってしまいます。

吉

同じ柄でたくさん揃えるよりも、こんな風になんとなく大きさや形を揃えて、気に入った柄のものを1枚ずつ買うのが私流です。菱形のタイプも好きで、時々アクセントに交ぜると楽しいテーブルになります。

dish

よく使うお皿は大きさだけ揃えばそれでいい

器の枚数、何枚ずつ揃えていますか？

和食器なら5枚、洋食器なら6枚揃える、そんな固定観念がまだまだ根強いとは思います。でも、私はそんな必要はないと思っています。4人家族、5人家族だったら必要かもしれないけれど、うちは少人数なので。

揃えて買わずに、気に入った柄を好きな数だけ買うのが私流です。

たとえば、10㎝、13㎝、18㎝くらいの3パターンを、色も柄も違っても自分が好きと思えるものが見つかったら手に入れるようにしています。

大きさが同じなら、お客様がいらした際にも違和感なく使うことができるし、テーブルにいろんな柄や色のお皿が並んでいるだけで楽しい気持ちになります。

器との出合いは、一期一会だと思っているからか、旅に出た時に買うことが多いです。

直径10cmくらいの円形のお皿は使い勝手のいい大きさ。お茶の時間に和菓子や時にはクッキーを載せたり、もちろん毎日のごはんの時には、お浸しや焼き野菜を載せてもおさまりがよく重宝しています。
色々な柄の小皿や小鉢がいくつかある食卓は、たとえ一人ごはんの時でも華やかな気持ちにさせてくれます。
右上の染付皿は金継ぎしていただいたもので私のお気に入りのひとつ。

coffee

伊万里のそば猪口でコーヒーを

大のお茶好きなんです。

お茶を飲むこと自体も、またお茶の時間を一人で、または誰かと楽しむのも大好き。煎茶、玉露、ほうじ茶などの日本茶はもちろん、コーヒーも紅茶も、なんでも！

日本茶なら、たとえ一人だったとしてもきちんと急須で淹れて飲むようにしています。

1日に何度もお茶を飲むので、茶器という存在が大好き。旅先で手に入れることも多く、旅の出来事を思い出しながら、お茶タイムを楽しんでいます。

日本茶はお湯呑で、コーヒーは洋風のコーヒーカップで、という時もあるけれど、たとえば、そば猪口にコーヒーを入れて、その隣には、漆塗りの豆皿に和菓子や果物を載せて3時のおやつに。なんてスタイルが好きです。

器好きでお盆好きの私。お茶とお菓子を楽しむおやつタイムには
こうして形の違うお盆に載せて出すこともあります。
今日のコーヒーは、手前は伊万里のそば猪口、奥は湯呑に入れて。

kimono

自由になった今、洋服の延長線上で着物を楽しむ

50代半ばから始めたことといえば、着物。少しずつ着物や小物を揃え、ワクワクしながら着物道を歩み始めたところです。

これまでは、娘の成人式の時などにフォーマルな着物を着たことはありましたが、あくまで記念撮影用の特別な装い。普段に着物を着る機会はほとんどありませんでした。それが数年前から、仲のよい友人が、食事や歌舞伎鑑賞などに気負うことなく着物を楽しんでいるのを見て、そのさりげなさに憧れるように。

「あ、かしこまって着なくても、こんな風に洋服感覚で楽しめばいいんだ」と気づき、自分でも着たいと思うようになりました。着付けも習い始め、今ではなんとか自分で着られるようになりました。

私が着物を着る時は、〝洋服の延長線上〟を心がけています。たとえば合わせるバッグもピアスも、そしてお化粧も、洋服の時と同じ。そうすれば、着物が特別なものではなく、〝おしゃれなお出かけ着〟という感覚で楽しめるのではと思っています。

こんな心境の変化もおそらく、50代に入り、いろんな意味で身も心も自由になったから。洋服感覚といっても、着付けもお手入れも、それなりに手間も時間もかかる着物。自分の時間がたっぷりとれるこの年代だからこその楽しみだな、としみじみ感じています。

銀座の呉服店「もとじ」で、立体感ある形状とマルニっぽくて可愛らしいデザインにひと目惚れした帯は
京都西陣「佳帛」で作られた「芽ばえ」という帯で、それに合わせて藍の綿薩摩を。
藍はつまりは大好きなネイビーだからか不思議と最初からしっくり。
この写真は、「佳帛」の工房にお邪魔した時のもの。

おしゃれ対談

さまざまなファッションを経験してきた強みが私たちにはある

黒田 私自身、振り返ってみても、やっぱり子どもが小学生、中学生の頃は、学校行事も度々あるし、それに必要な服装なり靴なりバッグなりに、アンテナが向いていました。お母さんらしさが求められる場面も多くありましたし。それはそれで、その時の私の気持ちもそっちの方向に向いていたし、別にいやではなかった。むしろ楽しんでいましたね。

地曳 女性は、一人の人でもいろんな顔を持つもの。それがどういうものかは人によって違うけれど、バリバリ会社で働く時間が長い時は会社員としてのスタイル、ママである時間が長い時はママのスタイル、奥さんである必要がある時は妻のスタイル……と、その状況や年齢によって着たい洋服が１８０度変わることもよくあること。それはそれで悪くはないし、男性には経験できない面白みかも！

黒田　それがあっての今の自分ですよね。

地曳　私たちの世代って、アイビーやハマトラ、ニュートラ、テクノファッションやDCブランドブーム、バブルファッション、ファストファッション等々現在まで続くファッションの激動時代をしっかり経験してきている。20歳の時の自分、30歳の時の自分、40歳の時の自分がそれを着て感じたこと、学んだこと、経験したことが蓄積して今の自分がある。50代後半になった今は、自分に合うスタイルが何か確信が持てる年代だといえると思います。何を着たいのか、何を着ればいいのかが絞り切れずに混沌としていた若い頃に比べると、ある意味、本当に幸せな時期なのではないでしょうか。

ファッションは誰のためでもない自己満足でいいと思う

黒田　誰のためにおしゃれするのかって聞かれると、単純に自分のためだと思うんです。若い頃は、たとえば彼がミニスカートが好きって言ったら好みじゃなくてもそれを着たいって思う可愛いところがあったり、長い髪がいいって言われたら長くしたり。今はそんなことでは左右されない、というか、言われることもないですけど(笑)。

地曳　自分がいいと思うものしか着たくないし、髪型だってメイクだって自分がしたいものは自分で決める！

黒田　基準は自分が心地よくいられるかどうかしかないよね。

地曳　はっきり言いますが、50代後半のファッションは自己満足でいいと思うんです。今の好みが5年後どうなっているかはわからないけど、それはそれでいい。とりあえず今が楽しめれば、予測できない5年後も楽しめるかも。今は、自分の感性や気分だけで楽しめる時期。周囲からの評価や先のことを考えなくてもいい。そう考えると気がラクになります。

黒田　多少あちこち難は出てきてもまだまだ体は健康だし、そういう意味では、自由を満喫できる楽しい年代ですよね。

この時代に大人でよかった今の自分を満喫しよう

地曳　さらに、現代はカジュアル大全盛の時代。私たちが子どもの頃見ていたアラ60《カン》の女性たちは、お出かけの時はきちんと着物を着たり、髪をきっちりセットしたり、ストッキングもきちんとはいて、というイメージでしたが、今それをやれって言われたら正直乗り気がしない。現代は、ラクで疲れないのに、素敵に見える洋服がよりどりみどり。こんなラッキーな時代におばさんになれて本当によかったとしみじみ思います。でも男性はまだまだカジュアルにリミッターがある人が多い。女性の方が自由度が高いし、女性の中でもこの世代が一番自由！

黒田　ファッションだけでなく、暮らしもそうですよね。自分が好きなものだけに囲まれていると本当に心地いい。

地曳　今回この本を出すにあたり、あれこれ、今の私たちが好きなものや、思っていることを語らせていただいたけれど、これは今現在の私たちが考えていること。これが来年、再来年、どう変化しているかはわからない。

黒田　私たちのことだから、違うことを言っている可能性も大。でも、それはその年齢の私たちが求めていること。それがどうなっているか興味ありますよね。

地曳　今は、この時代にこの年齢でいることを、心から楽しみましょう！

profile

黒田知永子 くろだ・ちえこ

1961年生まれ。雑誌『JJ』でモデルデビュー。結婚&出産を機に一度家庭に入るが、95年にモデル活動を再開。雑誌『VERY』、『STORY』、『éclat』の表紙キャラクターを経て、現在はテレビ等でも活躍する人気モデル。同世代女性から熱烈に支持される永遠のファッションアイコン。

Instagram **@kuroda_chieko**

地曳いく子 じびき・いくこ

1959年生まれ。『non・no』をはじめ、『MORE』、『SPUR』、『Marisol』、『éclat』、『Oggi』、『FRaU』などのファッション誌で30年以上のキャリアを誇るスタイリスト。『50歳、おしゃれ元年。』、『服を買うなら、捨てなさい』、『着かた、生きかた』、『ババア上等！ 余計なルールの捨て方 大人のおしゃれDo!&Don't』(共著)、『おしゃれも人生も映画から』など著書多数。

Instagram **@ikukoluv**

staff

写真

前田 晃
（MAETTICO）

カバー, p2-3, 8, 15-25, 27-35, 37-41,
57上, 58-59, 65-75, 99上, 101上 下右, 126, 158

木村 慎
（HERITIER）

p41, 46-49上, 50-51, 57下, 64, 79-98,
103, 108-120, 121上 下右, 125, 129-131, 138-151

ヘアメイク

福沢京子

マネジメント

中村周平
（a：cura）

デザイン

中島基文

構成

大野智子

衣装協力

エクラプレミアム通販
0120-501249
http://flagshop.jp/eclat

CINOH（MOULD）
03-6805-1449

ユニクロ
http://www.uniqlo.com

※一部、衣装と記載したものを除き、すべて著者私物です。
私物に関しては、ブランドへのお問い合わせはお控えいただきますようお願い致します。

おしゃれ自由宣言！

2018年11月7日　第1刷発行

著　者——— 黒田知永子　地曳いく子
発行所——— ダイヤモンド社
〒150-8409　東京都渋谷区神宮前6-12-17
http://www.diamond.co.jp/
電話／03·5778·7234（編集）　03·5778·7240（販売）
写真(人物)——— 前田 晃(MAETTICO)
写真(静物)——— 木村 慎(HERITIER)
デザイン——— 中島基文
校正——— 鷗来堂
製作進行——— ダイヤモンド・グラフィック社
印刷——— 勇進印刷(本文)・慶昌堂印刷(カバー)
製本——— ブックアート
構成——— 大野智子
編集担当——— 長久恵理

ISBN 978-4-478-10678-5